스마트폰과
사물의 눈

팸플릿 7

스마트폰과 사물의 눈

© 신승철, 2015

초판 1쇄 인쇄 2015년 9월 24일
초판 1쇄 발행 2015년 10월 2일

지은이   신승철
펴낸이   강병철

펴낸곳   자음과모음
출판등록   1997년 10월 30일 제313-1997-129호
주소   (우 04083) 서울시 마포구 성지길 54
전화   편집부 02) 324-2347 경영지원부 02) 325-6047
팩스   편집부 02) 324-2348 경영지원부 02) 2648-1311
이메일   spacenote@jamobook.com

ISBN 978-89-5707-868-6 (00300)
ISBN 978-89-5707-669-9 (set)

잘못된 책은 구입처에서 교환해드립니다.
저자와 협의하여 인지를 붙이지 않습니다.

이 도서의 국립중앙도서관 출판예정도서목록(CIP)은 서지정보유통지원시스템 홈페이지(http://seoji.nl.go.kr)와 국가자료공동목록시스템(http://www.nl.go.kr/kolisnet)에서 이용하실 수 있습니다. (CIP제어번호 : CIP2015025237)

스마트폰과 사물의 눈

신승철 지음

자음과모음

알리바바와 스마트폰

"열려라 참깨!" 하고 외치면 문이 열리는 도둑들의 동굴처럼 스마트폰은 똑똑하게 알아듣고 반응한다. 스마트폰은 편리하고 용의주도하지만 알리바바의 영민함만큼이나 똑똑하고 지혜로운가에 대해서는 한번 질문을 던져봐야 한다. 스마트폰이 알리바바 같은 지혜를 줄 수 있을까? 아니면 자동성과 맹목성에 눈이 멀어버린 알리바바의 형 같은 모습으로 나타날까? 우리는 여기서 '자율성'으로서의 공동체가 가진 생태적 지혜와 '자동성'으로서의 자본주의문명이 가진 사물화된 기술 시스템을 구분해 볼 수 있다. 「알리바바와 40인의 도적」이라는 동화에는 복수를 위해 기름장수로 변장한 도적들이 숨어 있는 기름통에 뜨거운 기름을 붓는 여종 카흐라마나가 등장한다. 카흐라마나의 똑똑함은 알리바바의 영민함의 기원이 된다. 여기서 나는 이것들을 집단지성의 기원이 되는 생태적 지혜로 비유하고자 한다. 카흐라마나가 가진 '생태적 지혜'의 똑똑함과 알리바바가 가진 '집단지성'의 영민함 둘 다를 상상하면서, 스마트폰에 대해서 색다른 사유의 창을 개방해본다면 어떨까?

스마트 세상에서 살아남기

2010년, 처음으로 스마트폰을 구입하고 나서 내 생활에는 적잖은 변화가 생겼다. 아내와 소파에 나란히 앉아서 각자의 스마트폰을 들여다보았고, 둘 사이에 대화는 점점 줄어들었다. 스마트폰 속 세상은 신기하고 새롭고 신선했다. 이젠 스마트폰이 없는 세상을 꿈꿀 수조차 없는 상황이 되었다. 그런데 문득 이런 생각이 들었다. "스마트폰에서 접속하는 것이 사람들과의 관계를 대신할 수 있을까?" 그래서 내심 정말 그럴까 하는 생각이 들어 어느 날 저녁때 전화번호부에 차곡차곡 쌓여 있는 사람들 목록을 하나하나 들여다보았다. 전화번호 중에는 한번 저장해놓고 한번도 통화하지 않은 사람들도 허다했다. 막상 술 한잔 할 사람이 없었다. 왜일까? 무엇 때문일까? 그런 질문은 이 책의 단초가 되었다. 사실 스마트폰을 가진 많은 사람들은 혼자 있어도 세상에서 외롭지 않고 세상 어디에 있을 지 모를 가상의 관계망 속에 자신도 소속되어 있다는 착각을 갖기 쉽다.

스마트한 세상에 대한 환호와 찬양이 2010년도부터 2014년 말까지 왕성했던 데 비해 현재는 한풀 꺾여서 사람들에게 스마트한 세상이 모든 것을 해결해주지는 못할 것이라는 생각이 확산되고 있다. 한때 냉장고에서 대출까지 스마트라는 단어만 붙이면 모든 일이 기술적으로 잘될 것 같은 시절이 있었다. 그러나 사회적 현실은 조금도 나아지지 않았고, 기술에 의존하는 바가 크면 클수록 인간관계가 소원해지는 것을 피할 수 없었다.

대학에서 강의를 하고 세미나를 하다 보면 기술낙관론자 한 명쯤은 만나게 된다. 그들의 경우, 사회의 진보를 기술 진화의 과정과 일치시켜 생각한다. 그러나 이 책을 읽는 독자들은 기술산업사회가 만들어놓은 거대한 기술문명이 생태계위기나 기후변화, 생명위기 시대를 순식간에 해결해줄 수 없다는 것 정도는 직감할 것이다. 특히 스마트, 빅데이터, SNS 같은 기술적 장치들이 사회적 갈등과 인간소외 문제를 완화하거나 해결할 수 있다고 생각하지 않는다. 오히려 사람들이 맺고 있는 공동체적 관계망이 점점 물신주의와 사물화 그리고 도착에 의해서 장악되고 있다는 우려를 가지게 될 것이다. 기술의 고도화로 인한 제도와 시스템의 복잡화는 왜 개인들을 철저히 분해하고 원자화하는가? 신자유주의가 조성해놓은 사회 시스템은 여러 가지 문제들을 사회책임이 아니라 왜 철저히 개인책임으로 만들어 자기관리와 자기계발을 필수 항목으로 만들어버리는가? 소통과 교류의 기술은 첨단화되는데 왜 시민은 더 고독해지고 외로워져서 무능력하고 무기력한 생활세계를 갖게 되었는가?

이런 질문은 기술인문학이라는 분야에 적절한 질문이 아니라고 생각하는 사람도 있을 것이다. 그런 문제제기는 사회학에 맡겨두고 슬슬 우리는 스마트폰의 새로움과 색다름으로 빠져들 것을 원하는 사람들도 있을지 모르겠다. 스마트폰이 주는 상상력은 내가 어릴 적 시계를 분해해서 내부 작동원리를 알고자 했던 재미있는 실험을 연상시킨다. 세상은 미세한 톱니바퀴들의 결합에 의해서 움직이는 시계처럼 조립되어 있지만, 겉으로는 아주 비루하고 일상적인 '똑딱똑딱' 하는 소리를 낸다. 독일 철학자 발터 벤야민의 말처럼, 최신 유행하는 것은 조금만 시간이 지나 짧은 과거가 되면 폐허가 되고 휴지통 속으로 사라진다. 물론 휴지통에 들어가기 전의 증후는 뻔하고 일상적이고 비루한 삶의 일부가 되는 것이다. 그래서인지 2015년 현재 스마트폰은 신선하고 색다름의 상징이라기보다는 삶의 내부 깊숙이 들어온 똑딱거리는 일상의 일부가 되었다.

그러나 나는 처음 스마트폰 열풍이 불고 유행을 타던 그 시점에 이 책을 기획했고, 그때까지만 하더라도 비루하고 뻔하게 생각하지 않는 시대적인 상황에서 철학적 사유를 전개했다. 어찌 보면 그 당시 스마트폰뿐만 아니라 사이버스페이스, 정보기술사회, 기술산업사회, 네트워크 사회 전반을 함께 성찰했다고 생각된다. 어쨌든 중요한 점은 그래도 2010년도의 스마트폰 열풍이 나에게 색다른 사유를 전개할 수 있는 소재거리를 제공했다는 것이다.

오픈소스 진영 프로그래머들과의 만남

나는 21세기 초엽 사이버스페이스 등장 시기쯤에 『사이버-맑스』(2003, 이후)라는 책을 친구와 함께 번역 소개하면서 색다른 기술현상에 대해서 주목한 적이 있다. 그 이후에는 생태철학과 프랑스 철학자 펠릭스 가타리에 대한 공부에 전념하느라 기술인문학에 대해서는 상당히 소원한 시간을 보냈다. 그런데 이 책을 쓰면서 변화된 기술현상에 대해 설명력을 갖추기 위해서 무작정 오픈소스 진영에서 활동하고 있는 프로그래머들과 인터뷰를 하기 시작했다. e러닝 프로그램 개발사업체인 '유비온' 솔루션사업부 본부장인 유인식 님과 같은 회사 기획자인 박창 님은 예전부터 세미나를 함께한 구성원들이라 어렵지 않게 인터뷰를 할 수 있었다. 여기서 유인식 님은 리눅스와 오픈소스 진영의 역사적 전개와 기술에 대한 '창조적 공유'가 만든 색다른 세상의 가능성에 대해서 알려주었다. 나 역시 자유로울 수 없는 말이지만, 식자연하는 사람들은 지식을 창조해내고 그것의 저작권과 인격권이 자신에게 귀속될 수밖에 없다고 상식적으로 생각한다. 그런데 지식과 정보를 많은 사람들과 함께 창조해내고 공유한다면 무슨 일이 벌어질까? 사실 마을이나 공동체, 사회적 기업 등에서도 공유경제의 가능성에 대해서는 상당히 주목하기 때문에 공유라는 개념이 그리 낯설지만은 않았다. 그리고 기술의 영역에서도 이미 안드로이드 계열 스마트폰을 살펴보면 오픈소스 진영의 창조적 공유 결과물들이 현실에 적용되고 있는 단계라는 점을 알 수 있다. 한 사람이 꿈을 꾸면 꿈에 불과하지만, 여러 사람이 꿈을 꾸면 그것은 현실이라 했던가?

당시 나는 한성대학교 정보통신공학과에서 '공학윤리'라는 수업을 맡고 있었는데, 그 주제를 정보윤리로 삼아서 학생들과 재미있는 프로젝트 수업을 했다. 주제들을 살펴보면 '빅데이터와 정보윤리', '해커운동과 위키리크스', '카피레프트와 카피라이트 각각의 역사', '유닉스와 리눅스 그리고 윈도우즈에 대한 비교', '클라우드 서비스', '망중립성과 카카오톡', '아이폰과 안드로이드폰의 비교', '소셜네트워크서비스의 일상에서의 효과', '증강현실과 가상현실의 비교', 'P2P와 토렌트', '비트코인과 전자화폐', '집단지성과 일반지성, 그리고 다중지성', '검색엔진과 구글의 데이터마이닝' 등 다양한 내용으로 구성되어 있었다. 이 책을 쓰면서 수업을 진행하고 있어서인지 학생들과의 발표토론, 브레인스토밍 과정은 부드럽지만 열정적이었고, 철학적이지만 구체적이었다. 그리고 수업 중에 초고 상태의 이 책의 문제의식과 단상을 공유하고 학생들의 의견을 받아들여 풍부하고 다양하게 만들 수 있었다. 그런 점에서 이 책은 학생들과 내가 생각과 아이디어를 공유해서 만들어낸 결과물이라고 할 수도 있겠다.

이 책의 초안이 거의 완성되었을 때, 청년 벤처기업가이면서 '달빛소프트' 대표이사인 박비봉 님과 웹디렉터 홍웅기 님으로부터 기술자문을 받았다. 특히 리눅스 같은 오픈소스 진영에 대해 관심이 많아져서 박비봉 님의 지도 하에 리눅스의 기초원리에 대해서 몇 달 동안 같이 공부했다. 물론 게으른 제자이자 나태한 학습태도를 가진 나로서는 리눅스 프로그램에 세부적으로 들어가지 못하고 그저 겉핥기에 만족해야 했다. 여기서 성城을 알기 위해서 성주를 만나서 대화하는 본질주의적인 방법도 있지만, 그런 권력을 가지지 못한 사람의 입장에서 성 주변을 배회

하고 탐색하는 실존주의적인 방법도 있다고 변명하고 싶다. 특히 색다른 계기가 된 것은 바로 리눅서라면 반드시 거칠 수밖에 없는 '깃허브'Github라는 사이트와의 만남이다. 깃허브에서는 전 세계 프로그래머들이 오픈소스와 리눅스에 대한 공동작업을 해나가는데, 그 규모는 수백, 수천 명인 경우도 많다. 오픈소스 진영 프로그래머들과의 만남은 내 사유의 좌표를 변화시키는 하나의 계기였다. 이 책의 초고에 대한 2차에 걸친 수정 과정에서 전반부를 관통하는 기술비관론적 요소는 상당히 궤도를 수정했고, 후반부에 가서는 기술의 이중성과 재-전유re-appropriation의 가능성에 대한 탐색으로 바뀌었다.

우리 내부의 생태적 지혜로 무엇을 하지?

생태적 지혜라는 개념만큼 훼손되고 억압되어온 개념도 없을 것이다. 그것은 연결되어 있는 관계망 속에서 싹트는 지혜로 관계 외부의 지식인이나 전문가들에게서 만들어진 지식과는 상이하다. 생태적 지혜는 할머니들의 약초, 살림, 발효, 식생 등의 지혜로도 간주된다. 생태적 지혜는 진리가 삶을 살아가는 모든 사람에게 내재되고 전제되어 있다고 생각하는 것이며, 진리를 지식인이나 엘리트, 전문가들의 논증과 추론 과정을 거친 모델화, 의미화, 표상화의 결과물이라 생각하지 않는다. 그런 점에서 생태적 지혜는 민중에게 내재되고 전제된 진리를 추구하는 방향성을 가진다. 내가 왜 굳이 생태적 지혜라는 개념을 스마트폰에 대한 이 책에 끄집어 왔느냐면, 지식과 정보화가 이루어지면서 점차로 관계 속에서 발아하고 생성되는 지혜와는 무관한 방향성으로 진리나 지식을 생각하는 경향이 있기 때문이다. 그런 점에서 정보주의는 삶의 내재성과 생활연관과 분리된 지식을 선취하는 방향을 가진다. 우리는 스마트폰의 스크롤바를 움직이면서 수많은 정보와 지식을 접하고 있다고 생각하지만 사실은 그저 스쳐 지나가서 금방 잊힐 내용들이다. 우리 삶과 관계 속에서 얻어진 지혜가 아니기 때문에 그것을 알고 있다고 말할 수조차 없는 상황에 처해 있다. 청년들은 살림과 돌봄의 지혜가 아닌 지식/정보의 성격을 가진 지식들에 노출되어 있다. 그래서 스마트폰을 들여다보면 지식과잉에서 오는 포만감이 느껴지지만 사실은 소일거리에 불과하거나 비루한 손동작에 재미를 가미한 것에 불과한 것이 되기 일쑤다.

생태적 지혜는 직관적이고 감성적이며 생활연관 속에서, 관계 속에서 창발되는 성격을 가진다. 생태적 지혜는 관계 속에서 색다른 아이디어, 뜻, 지혜가 발생하는 순간

에 풍부해지고 다양해진다. 그렇기 때문에 생태적 지혜를
발생시킬 만한 관계망은 비효율적인 동작과 시/공간의 차
원을 가져야 한다. 약속만 하더라도 시간과 장소를 정하고,
차를 끓이고, 눈빛을 보면서 음향에 반응해야 하는 등의 비
효율적인 동작들로 가득하다. 색채, 음향, 몸짓, 냄새, 표정
등이 오가는 비기표적 기호계의 상호작용으로 가득 찬 인
간관계는 비효율적이기 때문에 자율적이며, 그래서 생태
적 지혜가 너와 나 사이에서 창발되고 생성되는 것이다.

스마트폰은 가장 효율적인 관계망으로 향할 가능성이
높다. 대부분 비기표적 기호작용이 아닌 단순한 언어를
통해서 상호작용하기 때문이다. 그래서 생태적 지혜를 생
성시키거나 발아시킬 수 없는 전자적 직조망에 대한 비판
이 이 책의 전반부를 관통한다. 그러나 후반부에 가서는
집단지성이라는 개념에 주목하면서 '코페르니쿠스적인
전환'이라 할 수 있는 오픈소스 진영과의 마주침이 반영
되어 있다. 생태적 지혜를 기술적으로 실현시킬 수 있는
가능성이 집단지성의 방식으로 나타날 수 있다는 점에 대
한 깨달음이 책 후반부에 반영되어 있는 것이다. 즉, 너와
나 사이에서 공유자산, 공통의 아이디어, 생태적 지혜가
생성될 수 있듯이 생태적 지혜는 기계류의 혁신을 위해서
집단지성으로 모습을 변모시킨다. 이러한 생태적 지혜를
체현한 집단지성에 대한 발견은, 소수자가 사회적 약자나

양적 소수에 머무르지 않고 특이성을 생산해 공동체를 풍부하게 만드는 주체성이라는 점을 발견한 졸저『욕망 자본론』의 이론적 발견에 필적하는 것이라 자평하고 싶다. 물론 생태적 지혜가 어떻게 집단지성으로 변이되고 이행하는지에 대한 연구는 더 필요한 부분이겠지만 말이다.

기계의 두 가지 모습 속에서

질 들뢰즈와 펠릭스 가타리의『천 개의 고원』(2003, 새물결)을 보면, 기술인문학에서 주목할 만한 구도가 등장한다. 그것은 닫히고 폐쇄되고 코드화된 '기계학적 기계' mechanics와 열리고 자기생산하는 '기계론적 기계'machine로 구분된 기계주의 구도다. 이 책에 대한 단상을 정리할 때, 이 두 가지 기계에 대한 구상이 반복(=기계)에 대한 철학적인 분수령이 될 것을 예상했다. 그래서 반복에 대한 사상을 살피던 중 프로이트/라캉의 '반복강박'과 들뢰즈와 가타리의 '차이 나는 반복'이 두 가지 기계주의의 핵심 사상임을 깨달았다. 또한 이 두 사상은 기술산업사회의 자동기계와 네트워크 간의 차이점으로도 사유될 수 있음을 발견했다. 그것은 우리가 생각하는 기계가 통합된 이미지 속에서 구성된 것이 아니라, 내부에 전유와 재전유, 배치와 재배치에 따라 다른 사용처와 용도를 가진다는 것에 대한 깨달음이었다.

가타리 사상을 연구해온 나로서는 네트워크 사회의 개막이 주목할 만한 사건이었고, 두 가지 기계주의에 대한 구도를 구상할 수 있는 매개였다. 가타리의 '분자혁명론'에 따르면, 현존 사회는 작은 기계부품의 연결과 기능연관에 의해서 이루어진 네트워크 사회이며, 그 작은 기계부품이 특이성을 생산하며 색다른 방향으로 나아갈 때 전체 네트워크는 고장 나거나 심원한 변형을 겪을 수밖에 없게 된다. 그렇기 때문에 네트워크 사회는 곧 분자혁명의 가능성을 개막한 사회적 관계망의 시작을 알린다. 또한 네트워크 사회는 전통적이고 원형적인 공동체사회가 기술매개적 사회에서 네트워크로 모습을 바꾸어 나타난 것에 불과하다는 지적도 일면 타당하다. 이러한 색다른 네트워크 사상과 분자혁명에 대한 생각은 은사이신 윤수종 선생님에 의해서 학문적으로 구체화되었으며, 이를 적용하고 설명하는 데 나의 역할이 있었다. 이 책은 이러한 네트워크와 분자혁명을 연결시키는 사상을 후반부에서 등장시키고 있다.

들뢰즈와 가타리의 사상에 대한 탐색은 외롭고 고립된 연구자로서의 작업만이 아니었다. 들뢰즈와 가타리의 『천 개의 고원』을 비롯한 여러 저서에 대한 연구가 '대림동 배꼼마당'과 '서로살림생협'에서 이루어졌다. 이러한 공동의 지혜를 모으는 세미나 과정에서 여러 가지 문제의식과 생태적 지혜가 생성되었고, 그러한 관계망이 이 책의 숨겨진 '집합적 언표행위의 배치'agencement collectif denonciation로서 작동하고 있다. 특히 2013년 한국철학사상연구회에서 「욕망 논의에서 라캉의 구조와 가타리의 기계의 차이점」이라는 연구논문을 준비해서 발표할 수 있었는데, 이 자리에서 라캉의 반복강박으로서 기계학적 기계와 가타리의 욕망하는 기계 또는 차이 나는 반복으로서 기계론적 기계를 구체화하게 되었다. 이러한 연구는 이 책의 두 가지 기계주의 사상을 구체화하고 더 미세하게 만드는 원동력이 되었다. 만약 사상적으로 공통점이 가장 많은 나의 작품이 있다면, 이 책과 한철연에서의 연구논문이라고도 할 수 있을 것이다. 연구논문 발표 몇 개월 후 이 책 초고를 탈고했고, 2년여 동안의 수정과 재수정 과정을 겪게 되었다.

기술인문학의 가능성과 한계를 응시하며

이 책에서 가장 힌트를 많이 얻은 책이 있다면 아마도 펠릭스 가타리의 『기계적 무의식』(2003, 푸른숲)과 『카오스

모제』(2003, 동문선)가 아닐까 한다. 더불어 한 권 더 얘기
하라고 한다면 마르크스의 『정치경제학 비판 요강』(2000,
백의) 중 「기계에 대한 단상」을 꼽고 싶다. 여기서 가타리
는 기계의 작동을 규명하려고 한다면, 맑스는 기계의 원
인(사회적 노동)에 대해서 규명한다. 이 책을 서술하면서,
스마트폰을 그저 소재로만 여기지 않고 기술인문학의 가
능성을 타진하고자 하는 욕심이 생겼다. 그래서 기계에
대한 철학적인 구도를 그려내기 위한 실험에 매진했지만
딱히 결론이라 할 만한 것에 도달하지는 못했다. 그 이유
가 무엇일까 고심하다 보니, 기술인문학과 관련된 연구가
아직 기초적인 단계에 있다는 시대적인 한계도 큰 몫을
차지한다는 점을 깨달았다. 아마 나의 이 책은 다음 세대
연구자를 위한 징검다리나 밟고 올라서야 할 반석 같은
것이 될 것이라고 생각한다. 독자들은 이 책을 완벽한 연
구결과물이라기보다는 참신한 문제의식이나 영감을 주
는 단상 정도로 생각해주셨으면 좋겠다.

　거슬러 올라가다 보니 은사이신 홍윤기 교수님께서 대
학원 세미나 자리에서 기계학적 기계와 기계론적 기계
의 차이점에 대해 조사해 리포트를 제출해볼 것을 제안한
2005년도 봄이 기억난다. 당시에는 그 차이점에 대해 구
체적으로 설명할 수 없었지만, 이후 무의식 속에서 그 구
도를 끊임없이 생각하면서 발효시켜왔다. 이 책은 '철학

공방 별난'이라는 내 아내와의 공동체에서의 잡담과 수다가 큰 역할을 했다. 책에 등장하는 생태적 지혜, 집단지성, 오픈소스, 자동주의, 기계적 관념론, 비표상적인 흐름 같은 개념은 사실 아내와의 수다에서 구체화되거나 재미있게 얘기하기 위해서 준비해놓은 유희 도구였다. 물론 그렇기 때문에 이러한 개념들은 아카데미에서 다루어지는 개념실재론의 방향성과는 차이를 가진다.

이 책의 초고가 나오고 다시 수정과 재수정을 겪는 과정에서 많은 변화가 있었다. 연구실이 당산동에서 문래동으로 옮겨졌으며, 연구실 주변에 살던 길냥이 대심이와 달공이가 연구실 안으로 들어왔다. 그리고 '철학공방 별난'은 더 성숙되고 생태적 지혜가 발효되었다. 이 책이 나오기까지 도움을 주신 윤수종 선생님과 홍윤기 교수님, 장시기 교수님, 현광일 선생님, 유인식 님, 박창 님, 홍웅기 님, 박비봉 님께 감사드리며, 2011년부터 2014년까지의 공학윤리 N반/O반 학생들에게 감사드린다. 특히 작업에 전념할 수 있게 배려해주고 생태적 지혜를 빌려준 나의 아내 이윤경 님에게 무한한 감사를 드린다.

나는 이물관물以物觀物이라는 경구처럼 "길가의 돌멩이에서 우주의 신비를 알 수 있다"는 마음으로 스마트폰을 바라보았다. 이 책을 사물의 눈으로 사물을 들여다보아 참모습을 깨달으려는 철학적 시도의 일부로 보셨으면 좋겠다. 이러한 관점은 스마트폰에서 앞으로 서술될 만물인 터넷까지의 철학적 사유 과정의 기반이다. 아쉽게도 다루어지지 않았지만, 이 책은 펠릭스 가타리의 사물영혼론(＝애니미즘)으로 우리를 초대하는 "열려라 참깨!"라는 알리바바의 비밀 메시지를 품고 있다. 그래서 암호를 해독하듯, 만물인터넷의 힌트를 찾아보는 것도 묘미일 것이라는 생각도 든다. 행복한 독서가 되기를 기원하며, 알리바바의 영민함이 독자들과 함께하기를 기원한다.

차례

스마트폰과 해바라기

손안의 작은 컴퓨터, 호주머니 속에 들어온 세상

언어학자 헬레나 노르베리 호지가 쓴 『오래된 미래』 (2007, 중앙북스)에는 문명으로부터 벗어나 가난하면서도 가난을 모르고, 소박하고 검소하며 노동과 여가를 구분하지 않고 행복하게 살았던 '라다크'라는 변방의 작은 공동체 이야기가 나온다. 라다크는 외부세계로부터 일정하게 격리된 순환적인 공동체였다. 이 책에서 호지는 기술과 문명이 도입되면서 공동체가 어떻게 변화했는지 차분히 서술한다. 라다크에서 돈의 역할이 그리 크지 않았을 때는 가난한 사람을 찾을 수 없었지만, 돈이 거래되자 마을 사람들은 방문객에게 "한 푼만 주세요. 한 푼만 주세요" 하고 구걸하기 시작했다. 또한 인도 영화를 보고 자신의 삶이 미개하고 시시하며 무능하다는 생각에 사로잡혀서 선글라스를 끼고 줄담배를 피우고 꽉 끼는 청바지를 입는 등 다른 문화를 흉내 내기에 급급해졌다. 그리고 마을에 생긴 제분공장의 기계장치로 사람들이 더 풍요롭고 여가시간이 많아진 것이 아니라 오히려 대화할 여유도 없이 더욱 더 바빠지는 역설적인 상황이 나타났다. 기술진보와 문명화, 시민화는 반드시 최대선일 수 없다는 점이 여기서 드러난다. 그렇다면 라다크 사람들에게 스마트폰이 생긴다면 삶에 어떤 변화가 생길까?

여기서 '손안의 작은 컴퓨터'가 라다크 공동체적 관계망에 어떤 의미와 맥락으로 작동하게 될지 생각할 여지도 생긴다. 기술문명이 적용되지 않는 순환사회가 낡은 것이고 기술진보가 적용된 사회가 더 세련되었다는 통념조차 의심할 필요가 있기 때문이다. 공동체와 우리의 삶을 더 풍부하게 만드는 기술로서 아무런 질문 없이 스마트폰을 받아들이고 그저 낙관적 의미만을 부여할 수 없는 노릇이다. 예를 들어 손전화기인 휴대폰이 생겼을 때 친구들이 내 호주머니 속에 들어온 것처럼 언제든 불러낼 수 있다는 사실에 열광했지만, 직접 만나서 대화할 시간은 점점 줄어들고 각박해졌다. 친구들의 목록은 내 호주머니 속 핸드폰에 차곡차곡 쌓였지만 친구를 한 달에 한 번 만나기가 힘들어졌고, 작업장을 떠나서도 노동의 연장선에서 살아가야 했다.

스마트폰이 생기면 컴퓨터를 벗어나 자연인이 될 가능성은 요원해진다. 모든 세상의 정보는 내 손안에 있으니까 이 속에서 풍요와 향유의 전망이 열릴 것으로 생각되지만 자연인으로서 누릴 자유와 여백은 사라지는 것이다. 내 손안에 컴퓨터가 생기고 언제든 필요한 정보를 취득하고 놀고 즐기며 친구와 대화할 수 있음에도, 사람들은 더 고립되었고 삶을 살아가는 데 정말로 필요한 '지혜'에 대해서 알지 못하는 상황에 처했다. '풍요 속의 빈곤'이라는 반어적 표현만으로는 이러한 미묘한 갈증을 제대로 그려내주지 못할 것이다. 전자적으로 매개된 교류와 친분이 현실의 관계를 대신할 수 없지만, 사람들은 전자적 관계를 통해 대리충족을 하려 했고 '바로 거기까지만'에서 만족한다. 사람들은 표층을 미끄러지는 네트워크라는 관계망 속에서 가볍게 떠다닌다. 그럴수록 그들은 더 고립되고 무위, 소외, 고독의 상황에 처하며 외롭고 침묵한다.

어떤 사람은 컴퓨터와 상호작용하면서 그 속에서 안정감을 느낀다. 왜냐하면 컴퓨터는 거짓말을 하지 않으며 속이지 않고 정직하기 때문이다. 그리고 기계와의 피드백 feedback은 일정한 정서적인 안정감을 유지하도록 만들어주기 때문이다. 그러나 매뉴얼에 따라 움직이는 기계가 주는 안정감의 한계는 그것을 통해서 돌봄을 받지 못한다는 데 있다. 즉 사람들이 만나서 자신의 욕망, 무의식, 정서를 서로 교류하고 교감하지 못하는 것이다. 그 속에는 사람들 사이에서 이루어지는 욕망, 무의식, 사랑의 흐름이 없다. 서로 분리되고 고정되어 가상적으로 연결되었을 뿐 흐름이 오가는 교감의 접촉경계면이 없는 것이다. 어쩌다가 사람들이 스마트폰을 놓고 집에서 나왔을 경우 엄청난 심리적 불안감에 사로잡히는 것을 흔히 볼 수 있다. 이미 사람들에게 스마트폰은 자신의 신체 '기관'organ처럼 되어버렸고, 그것이 없다면 심리적이고 정서적인 안정감을 가질 수 없으며, 기계와 함께 꿈꾸며 자본주의 환상의 분비물을 소비할 수 없기 때문에 불안해지는 상황에 처했다.

스마트폰은 정동의 교감 없이 교류하고 소통하는 것에 익숙하게 만들며, 아주 일차원적인 기계적 피드백만으로도 다채로운 정서적인 욕구를 충족하도록 유도한다. 혹자는 인터넷을 '지식과 정보의 생태계'라고 얘기한다. 물론 스마트폰의 피드백은 길게 보았을 때 근본적으로는 생태적 지혜에 기반을 두지만, 기계장치로 나타난 현실에서는 생태적 지혜와 매우 멀어졌다는 점을 여기서 설명하고자 한다.

생태계는 나무와 태양, 꽃과 나비, 강과 물고기 등이 상호
작용하면서 그 관계망 내부에서 끊임없는 창발과 진화를
이룰 수 있는 매우 역동적인 시스템이다. 특히 생태계의
작동 속에서 발견되는 주목할 것은 반복현상이 있다는 점
이다. 생명의 창조적 진화는 카오스chaos와 불확실성에 어
떤 반복된 질서를 부여하는 것을 특징으로 한다. 생태계
의 반복에는 쉽게 말해, 낮과 밤, 봄, 여름, 가을, 겨울, 썰물
과 밀물, 철썩이는 파도 같은 것이 있다. 이러한 반복은 동
일한 것의 반복이 아니라 차이 나는 반복이라 할 수 있으
며, 여기에 기계의 비밀이 숨어 있다. 기계는 반복이다. 그
래서 생태계의 반복도 기계라 평가될 수 있다. 기계를 장
치나 도구라고 생각하기 이전에 반복현상이라 보았을 때,
기계의 보이지 않는 구성 요소에 훨씬 더 가까이 접근할
수 있다. 기계는 생태계나 생명현상, 무의식과 떨어진 것
이 아니라 불가분의 관계를 가진다.

  정신분석학자 프로이트는 『쾌락원칙을 넘어서』(1997,
열린책들)에서 아이들이 실타래를 가지고 '포'를 외치다가
당기면서 '다'를 외치는 포르트–다fort-da 놀이에서 반복현
상을 발견했다. 이 놀이는 아동들에게 흔히 하는 일종의
'있다–없다 놀이'나 '까꿍 놀이' 같은 것으로, 아이들이

'우우우우' 하면서 반응하는 것이 반복되는 현상이다. 프로이트는 이러한 반복현상을 반복강박에 의한 부재와 결핍, 죽음에 대한 두려움 같은 것으로 설명한다. 그는 아이들의 반복되는 기계적인 현상 속에서 동일성의 반복과 폐쇄되고 코드화된 상태의 기계를 예감했던 것이다. 프로이트가 응시한 이러한 반복강박의 기계는 노동자들을 노예 상태로 이끈 기계, 전태일 열사가 "우리는 기계가 아니다"라고 말한 자동기계의 속성을 의미한다. 그러나 생태계의 반복현상은 동일한 것이어야만 하는 폐쇄된 기계의 상태가 아니라, 차이 나는 반복 즉, 카오스와 코스모스cosmos가 함께해서 끊임없이 생성과 창조가 일어나는 반복이다.

프로이트의 발견이 있은 이후 반복이라는 기계현상은 '악惡'이었고, 기계파괴자였던 러다이트Luddite의 시선에서 기계를 바라보는 것이 일반화되었다. 그러나 프랑스 철학자 질 들뢰즈는 『차이와 반복』(2004, 민음사)이라는 저작에서 생태계와 생명의 반복 의미를 되살려냈으며, 기계에 대한 새로운 시각을 보여주었다. 그는 이 책에서 동일성의 반복이 아닌 특이한 것들이 반복되는 현상에 대해서 설명하고, 포르트-다 놀이가 부재와 결핍에 의한 반복강박이 아니라 창조와 생성에 따른 것이라는 시각을 제공했다. 그의 이러한 개념 구도를 통해 특이한 것들이 반복되는 생태계 내의 창조적 진화를 설명할 수 있게 되며, 생태

적 원리에 입각한 열린 기계가 가능하다는 생각으로 나아
간다.

프로이트와 들뢰즈의 이론은 기계에 대한 상반되는 시
각을 제공해준다. 이러한 두 입장은 기계 자체가 '동일성
의 반복'과 '차이 나는 반복' 두 가지 속성을 모두 가진다
는 점을 드러낸다. 이러한 점을 펠릭스 가타리는 동일성
의 반복강박을 기계학mechanism의 닫힌 기계로, 차이 나는
반복을 기계론machinism의 열린 기계라는 다소 어려운 구분
으로 설명한 바 있다. '스마트폰같이 고도로 정교한 기계
장치들이 어떻게 가능하게 되었나'를 계속 따라가다 보면
생태계의 반복현상으로서의 기계론적 기계로부터 출발
할 수밖에 없다. 기계현상은 인류가 만든 것이 아니라 자
연과 우주의 산물이다. 그러므로 가장 정교하게 만들어진
기계라 할지라도 생태적 지혜의 산물로서 파악할 필요가
생기는 것이다.

가장 스마트한 기계가 있다고 말하면 우리는 혁신적인
기계장치로 이루어진 스마트 기기들을 생각한다. 그러나
가장 스마트한 기계는 생명을 창발하고 생성시키는 생태
계라는 기계다. 과학이 발전하고 스마트폰이 나온 순간부
터 사람들은 스마트폰이 '생태계라는 기계'보다 더 똑똑
한 인류가 창조한 기술의 산물이라는 오만과 자만을 갖게
되었다. 그래서 생태적 지혜보다는 기계를 만들어내는 과

학기술을 더 우선시하게 되었고, 기술문명이 자연보다 훨씬 똑똑하다는 생각을 무의식적으로 품게 되었다. 그러나 우리는 다시 "스마트한 것이 무엇인가?" 그리고 "스마트폰은 과연 똑똑한가?"라는 질문을 던져봐야 한다.

네트워크가 공동체를 대신한다고 말할 수 있을까?

많은 사람들이 '공동체'community 대신에 '네트워크'network가 있으며, 그걸로 모든 관계에 대한 욕구와 정서적 돌봄의 문제를 해결할 수 있다는 착각에 빠져 있다. 예를 들어 어떤 부부가 가까운 소파에 앉아 각기 스마트폰 메신저로 먼 곳에 있는 친구들과 대화를 하지만, 정작 가까이에 있는 두 사람 사이에서는 어떤 대화도 없는 풍경을 생각해볼 수 있다. 과연 공동체를 가상적인 네트워크가 대신할 수 있을까? 공동체는 국지적이고 유한하며 친밀성과 유대감을 매개로 한 관계망이다. 그에 반해 네트워크는 무차별적이고 무한한 접속이 보장되며 친밀성 없는 낯선 인물이나 상황도 무덤덤하고 재미있게 받아들인다. 공동체 내부에서도 이질적인 것들이 들어와 공동체의 관계망을 바꾸는 경우가 많지만, 대부분 특이한 것에 대한 태도를 결정하기 위해서 시간을 두고 충분히 숙려하는 경우가 많다. 대신 네트워크는 정거장처럼 많은 사람들이 오가는 플랫폼platform 유형의 관계이기 때문에 들어오고 나가는 것이 자유이며 마음에 맞지 않으면 관계를 단절해버리고 깊이 있는 관계를 맺기 위해 애쓸 필요가 없다.

스마트폰을 쓰는 사람들은 가장 가까이에 있는 사람들과 만들어야 할 공동체의 필요성에 대해서 망각한다. 마치 자신은 다양한 사람들과 이미 관계한다는 착각 속에서, 가까이에 있고 예전부터 알던 주위 사람들을 아주 뻔하고 그렇고 그런 사람으로 규정하기도 한다. 그리고 아주 유별나고 색다른 사람들이 스마트폰으로 접속하는 네트워크 안에 들어와 있을 것이라 생각한다. 그래서 가장 가깝고 친밀한 사람들과 관계 속에서 새로운 일을 도모하는 것이 귀찮고 지겨운 일이라 여긴다. 특히 국지적이고 유한한 관계에서 뭐 별 볼 일이라도 있겠나 하는 생각에 빠지고 자신이 만든 통속적인 관계의 대체물로 가상 네트워크에서의 관계에 빠져든다. 스마트폰을 통한 네트워크 관계는 대부분 서로를 알아가는 과정에서 관계가 깊어지는 것을 생각할 수 없고, 외양적이고 일회적이며 중독적인 양상을 보인다. 그리고 네트워크 관계망에 점차로 빠져들면 가까이에 있는 사람들과 자신이 만들어낼 미래에서 희망을 찾거나 서로의 잠재성을 응시하거나 관계의 소중함에 대해서 생각하는 것과는 거리가 먼 피상적이고 표충적인 데에 관심을 가지게 된다.

　여기서 사람들과의 공동체적인 관계망 자체가 그저 '나'와 '너', '그들', '우리'라는 경계 속에서 이루어지는 것이 아니라 '나도 아니고 너도 아닌' 어떤 것을 만들어가는 과정이라는 점을 지적할 필요가 있다. 즉, 공동체의 공통성common 영역은 나와 너 사이에서 '네 것도 아니고 내 것도 아닌' 공유자산이나 집단지성, 생태적 지혜를 발아하는 것이다.

　오늘날 자본주의의 전자적 직조기술은 공동체적 관계망이 가진 시너지 효과를 새로운 착취 대상으로 생각해 이러한 관계망에 대해서 탐을 낸다. 즉, 구조조정을 통한 기업혁신 전략이나 팀 제도라고 불리는 것도 그러한 관계망에 대한 탐색의 일종인데, 이것은 기존의 기능분화된 사회조직들이 직능이나 기능으로부터 벗어나 팀이나 새로운 조직으로 새롭게 재배치되어 그 과정에서 시너지 효과를 노리는 것이다. 들뢰즈와 가타리가 함께 쓴 『앙띠 오이디푸스』(1994, 민음사)에서는 이러한 색다른 잉여가치를 '코드의 잉여가치'surplus de code라고 규정한다. 코드의 잉여가치는 자본이 공동체를 착취하려는 방향성을 의미한다. 이러한 자본이 추구하는, 관계망 자체가 가진 시너지 효과에 대한 탐색은 여기서 머물지 않고 관계망 자체를 가상화하는 네트워크 기술을 발전시키는 데 많은 투자를 한다. 이러한 네트워크는 공동체적 관계망을 근본적으로 대신할 수 없으나, 이를 대신해 자본이 접근할 수 있는 효율적인 가상관계망으로 재편시켜준다.

나는 마포구에 있는 성미산 마을공동체를 여러 차례 방문하면서 마을에서의 인간관계가 서로 별명을 부르는 관계이기 때문에 가상적인 관계의 성격을 띤다는 것을 발견했다. 이러한 가상성은 현실을 풍부하게 만들고 정체성을 넘어서 특이함을 환기시키는 효과를 가진다. 스마트폰의 가상 네트워크가 지닌 가상성 역시 이러한 효과를 갖는다. 하지만 그것은 가상을 통해서 자신이 사는 비루한 현실을 벗어나 색다른 인공적인 현실과 접속하려는 대리충족의 의도를 갖는다. 이는 특이함이 생성되는 관계를 시간을 두고 사람들 사이에서 만들어낼 수 없고, 그 특이함의 결과물과 관계를 소비하기만 하는 것이다. 그런 점에서 특이성 생산 즉, 관계망 창발의 과정이 없고, 관계를 발효시키고 성숙시키는 과정이 없는 가상성은 신체나 삶의 잠재성을 굉장히 협소하게 만들 것이다.

이러한 네트워크와 공동체 간의 차이와 각각의 특징 때문에 결론적으로 네트워크는 공동체를 대신할 수 없으며, 그렇게 생각하는 것은 아주 큰 착각이자 오도된 진실이라는 것이 드러난다. 스마트폰을 많이 쓰고 대화를 수없이 많이 하고 관계와 일촌, 온라인 친구관계를 형성해도 사람들이 고립되는 것에는 다 이유가 있다. 그래서 지금 당장 가까운 사람들과 대화하고 공동체를 형성하는 것이, 잘 알지도 못하는 사람들과 스마트폰에서 대화하는 것보다 훨씬 많은 정서적 도움을 줄 수 있으며, 부가적인 시너지 효과로서 두 사람 사이에서의 창조와 생성으로 향할 수 있는 것이다.

1장

스마트폰과 데카르트의 자동기계

생명교감 능력에서 기계적 피드백으로

이제 사람들은 스마트폰을 자꾸 만지작거리고 들여다보면서 기계와 상호작용하는 것에 익숙하다. 그러나 한 번쯤 그러한 기계와의 관계가 생명과의 관계를 대신할 수 있는지에 대해서 생각해볼 때가 되었다. 자연, 사물, 인물, 장소 등과의 상호작용 중에서 우리 자신의 정서생활과 내밀히 관련된 것이 생명과의 '교감'이 아닐까 한다. 생명과의 교감은 부드러운 흐름에 휩싸여서 과거의 따뜻했던 기억을 불러일으킨다.

한번 상상해보자. 어떤 것과의 피드백이 미리 결정된 틀 안에서만 움직인다면 과연 거기서 어떤 재미를 발견할 수 있을까? 유감스럽게도 스마트폰과의 피드백은 대부분 미리 결정된 틀에 따라 코드화되어 있어서 미지의 지역을 탐험하는 '여행'이 아닌 정해진 노선대로 움직이는 '관광'을 떠나는 것 같다고 묘사해야 할 것이다. 스마트폰에 애정을 쏟고 시간을 투여하는 사람들은 자신의 입력input에 따라 자동적으로 출력output되는 정해진 틀에 재미있어한다. 재미를 던져주는 이유는 분명한 것 같다. 자신이 하지 않았는데도 기계를 통해서 자동적으로 움직일 수 있다는 것이 매력적인 것이다. 이러한 '자동성의 환상'이 이 글의 주제이기도 하다.

생태계는 다양한 피드백으로 이루어졌다. 어떤 논과 밭에 다양한 품종의 작물을 심으면 벌레와 동물, 식물이 서로 피드백을 이루면서 균형과 조화에 도달한다. 그래서 비료나 농약 같은 외부의 에너지가 크게 필요치 않다. 이러한 현상을 생태학자들은 '종간 바리케이드 현상'이라 명명한다. 생태계가 다양한 피드백으로 이루어졌기 때문에 인정투쟁이 벌어지지 않으며 스스로 균형과 조화를 이룰 수 있는 것이다. 생태계의 피드백과 달리 스마트폰에서의 피드백은 종합적이고 다양한 것이 아니라 단조롭고 어떤 틀에 따라 상호작용하게 구성되어서 동일한 것의 반복에 따른 중독적인 속성을 이미 가진다. 시간-공간-에너지를 투사해서 블랙홀처럼 빠져들면서 그것의 외부를 소멸시키는 것이야말로 중독 아니겠는가.

우리는 생태계의 다채로운 피드백이 고정된 사물들을 변화시켜 그 사이에서 생명을 창조하고 진화하도록 만드는 능력을 가졌다는 점에 주목해야 한다. 생태계는 열려 있고 다양하고 복잡한 변수가 인과관계와 상관관계로 결합되면서 카오스를 일으키는 복잡계라 할 수 있다. 그러한 피드백의 다채로움은 결국 생명을 발아하고 진화하게 만든다. 숲생태계와 해양생태계가 생물의 보고인 것은 우연이 아니다. 그러나 틀이 갖추어지고 코드화된 피드백 과정에서는 무엇인가를 창발해내는 것이 무척 어렵다. 이를테면 스마트폰의 피드백으로 생명의 창발과 진화를 생각한다는 것은 불가능에 가깝다.

생명과의 교감과 스마트폰과의 피드백의 차이점에 주목해보자면, 우리는 모든 피드백을 동일선상에 놓고 생각할 수 없다는 점을 발견한다. 어떤 피드백은 상호작용 속에서 서로를 변화시키고 그 사이에서 감정과 정서, 정동의 흐름을 발생시킨다. 그러한 열린 피드백 자체가 생명을 성립시킬 수 있는 자연생태계의 비밀이다. 그러나 스마트폰의 피드백은 상호작용interaction 환경이 미리 결정되고 디자인되어 있으며, 그 사이에서 무엇인가가 발생할 가능성이 철저히 차단된 코드화된 질서에 머문다. 스마트폰과의 피드백은 그 사이에서 욕망, 무의식, 정동의 흐름을 발생시켜 그 생명 에너지의 힘이 특이점을 통과하는 순간 생명까지도 발생시킬 수 있는 생태계의 피드백과는 완전히 다른 성격이다. 우리는 여기서 질문을 던질 수 있다. "왜 사람들은 스마트폰에 그렇게 집착하며 교감과 접촉에는 익숙치 않은가?" 여전히 이것이 문제다. 사람들은 왜 스마트폰을 들여다보기 바쁘고 주변 사람들에 대해서 흥미를 갖지 못하는가?

한 초등학교 교사로부터 들은, 제3세계 국가의 텔레비전 보급 과정이 보여주는 모습에서 약간의 힌트를 얻을 수 있을 것 같다. 제3세계 어린이들은 놀 것이 마땅치 않아서 나뭇조각, 공, 줄 같은 자연에서 쉽게 구할 수 있는 것을 이용해서 놀이기구를 만들었다. 아이들은 밥 먹는 시간을 제외하고 또래들과 어울려 미친 듯이 놀았으며, 흙을 만지고 나무를 오르고 동물과 어울렸다. 그러던 어느 날 한 가정에 텔레비전이 놓이고부터 놀라운 일이 생겼다. 아이들이 뛰어노는 것을 멈추고 그 집에 몰려가서 텔레비전을 멍하니 보기 시작한 것이다. 텔레비전이 주는 신호에 따라 울고 웃지만 사실 몸은 정지되어 기계적 피드백에 반응하는 것에 불과했다. 다른 집들도 텔레비전을 들여놓기 시작했다. 모든 가정에 텔레비전이 생기자 거리와 골목에서 아이들이 사라졌고 놀이와 교감 역시 사라졌다. 아이들은 텔레비전과의 기계적 피드백에 빠져들어 또래 아이들과 뛰어놀며 교감하고 즐거워했던 기억을 완전히 잊어버렸다. 그리고 학교와 텔레비전이 있는 집을 오가는 시계추 신세가 되어야 했다.

이런 풍경은 텔레비전이 주사하는 영상 이미지와 기계화된 피드백에 사로잡혀 생명과 자연과의 교감을 잃어버려야 했던 개발시대의 한국에서 자라온 나의 어릴 적을 떠올리게 한다. 스마트폰의 기계적인 피드백이 가진 문제점은 사실 가장 근본적인 인간의 실존과 관련된 부분에까지 이른다. 한 사람이 죽기 전에 공동체에 남겨줄 부분이 소유물이나 물건, 명예 같은 것이 아니라 보이지 않는 감정이나 정서, 사랑 같은 부분이라는 진실은 공동체와의 교감이 가진 실존 자체가 지닌 궁극적인 의미를 알게 한다. 이것을 들뢰즈와 가타리는 지각 불가능하게 되기 또는 투명인간 되기라고 표현했다.

많은 사람들은 기계화된 피드백과 기계적 유희에 빠져들어 현실에서의 사랑과 교감의 중요성을 점차 잊어버렸다. 그리고 어떻게 상대방과 교감하고 사랑해야 하는지에 대한 방법도 잊어버렸다. 그러한 상황이 고독, 소외, 무위에 빠져들어 가장 실존적인 위기에 봉착하는 순간이라는 사실조차 모른다. 어떤 틀에 주조된 감정생활처럼 단조롭고 똑딱거리는 일상의 무료함이 스마트폰에 빠져들게 하는데, 그것을 극복하는 방법인 생명과의 교감, 주위 사람들과의 사랑을 잊어버린 것이다. 나는 이러한 상황에 빠져들게 되는 과정을 데카르트의 철학을 빌려 설명할까 한다.

데카르트의 자동기계에 대한 단상

르네 데카르트René Descartes는 근대성과 관련된 사유의 지도를 마치 기하학처럼 그려낸 철학자다. 데카르트식의 '주체주의'적 사유는 의식이 아닌 무의식과 의심, 정념에 있는 모든 존재를 추방한다. 특히 육체와 동물, 생명에 대해서 자동기계라는 규정을 내리게 되는데, 이는 한때 유행했던 지도자의 리더십이라는 담론에서도 잘 보인다. 지도자의 주체적 의지와 결단에 의해서 전체 조직이 움직인다는 생각은 사실 대중을 도구화하거나 수단화하는 도구주의적인 방법론을 통해 그들을 계몽, 훈육, 통제의 대상으로 바라보게 만든다.

데카르트의 발상은 "스마트폰을 사용하는 사람들이 도구적 맥락에서 파악될 수 있는가?"를 생각하게 만든다. 스마트폰은 주체가 사용하는 도구를 넘어, 기계와 인간 간의 피드백 속에서 주체와 대상의 구분을 소멸시키는 경향이 있다. 마치 앞의 텔레비전 화면에 빠져드는 제3세계 아이들처럼 스마트폰은 기계적인 피드백의 경로에 무의식적으로 빠져들게 한다. 그래서 스마트폰을 사용하는 사람들은 의식적 주체가 아니며, 주체와 대상의 이분법조차 없는 무의식적인 기계장치에 빠져든다.

데카르트의 주체가 장악한 자동기계라는 구도와 달리, 스마트폰은 주체의 의식에 의해서 완전히 도구화될 수 없다. 즉, 기계와의 피드백이 주는 무의식 영역은 의식이 완전히 장악할 수 없는 곳이다. 주체가 무엇을 의식하는가의 여부와 무관하게 자동기계처럼 게임 중독에 빠져드는 것도 가능하며, 기계적 약물중독에 사로잡히는 것도 가능하다. 연장이나 도구 같은 것은 인간 신체의 연장延長으로 사유될 수 있고 의식에 의한 수단이 될 수 있지만, 기계는 그 피드백 내부에 빠져들면 인간과 기계의 경계가 모호한 탈경계지대를 갖게 되며 이 모든 것은 무의식 영역에서 이루어진다.

데카르트의 자동기계라는 개념은 자동성의 프레임에서 생명을 바라보게 만든다. 생명의 반복현상은 기계라고 지칭될 수 있으나 자동성에 입각한 기계라기보다는 자율성에 입각한 기계라 할 수 있다. 여기서 '기계학적 기계'와 '기계론적 기계'의 차이에 유념해 볼 필요가 있다. 나는 기계를 거부하고 원시적인 공산주의나 자연주의를 주장하려는 것이 아니다. 기계의 두 가지 속성 중에서 보다 자율적이고 창조적인 생명과 가까운 기계를 만들어가자는 제안을 하려는 것이다.

데카르트의 "나는 생각한다, 고로 존재한다"Cogito, ergo sum라는 말처럼 "나는 스마트폰을 사용한다, 고로 나는 존재한다"라는 말도 가능할까? 스마트폰과 인간과의 기계적 피드백은 그렇게 확실성의 신화인 주체의 믿음체계로 환원될 수 없다. 생명과의 교감을 대신할 수 없는 기계적 피드백이 있으며, 기계적 피드백이라는 극한점으로 자신을 표현해내는 생명과의 교감이 있다. 기계는 생명의 교감을 대신할 수 없지만, 생명은 기계와의 피드백을 산출했다. 감성적으로 느끼며 사랑과 욕망의 흐름 속에서 살아가는 사람들에게 확실한 의식이나 생각만으로 자신의 존재를 확인하고 증명하는 것이 가능할까?

여기서 똑딱거리는 시계추처럼 움직이는 자동주의 프로그램이 작동하기 시작한다. 정해진 길과 틀에 따라 학교와 학원을 오가는 아이들이 자신의 존재의미를 확인하는 방법이 게임이나 스마트폰의 기계적 피드백인 이유는 무엇일까? 그들이 기계적 피드백에서 자신을 확인하려는 이유는 의식적으로 투철하지 않아서가 아니라 자신이 교감하고 느끼는 것을 다른 방식으로 대체하기 위해서다. 물론 이 경우는 실패할 수밖에 없는 기계적 피드백의 기획이라 할 수 있다. 기계적 피드백은 생명과의 교감을 대신할 수 없으며, 외롭고 지친 아이들의 정서적인 문제를 해결할 마스터키가 아니기 때문이다.

데카르트의 이분법은 '의식적인 주체'와 '자동기계로서 대중과 생명, 육체'라는 구도로 그려진다. 여기서 의식하는 주체가 능동적이라면, 대중이나 생명, 육체는 수동적이며 자동적이다. 그래서 의식하는 주체가 어떤 틀을 부여하면 대중, 생명, 육체는 자동적으로 따라오면서 움직인다고 생각한다. 사실 이런 생각은 육체와 동물에 대한 경멸로, 더 나아가 노동자와 민중에 대한 경멸과 비하로 이어질 소지가 크다. 1980년대 미국에서 좀비 영화가 융성한 것은 민중에 대한 자동주의 신화와 긴밀한 관련을 가진다.

반면 스피노자는 육체와 욕망, 무의식을 긍정하는 내재성의 철학을 전개했다. 그의 공동체 사상은 정서와 정념, 사랑이 가득하고 그것 간의 관계가 만들어내는 자율성에 대해서 쓴다. 그래서 스피노자에 따르면 사랑할수록 정념에 빠져드는 것이 아니라 지혜로워진다. 욕망이 서로 긍정될 때 기쁨의 민주주의가 만개한다는 스피노자의 생각은 자율의 내재적인 영토를 그려낸다. 그는 죽음에 대한 공포와 죄의식이 없는 삶과 욕망의 긍정과 생성의 영토를 생각해냈으며, 그것을 통해 예속이 아닌 자유가 가능하다고 말했다. 이렇듯 데카르트의 자동기계에 맞선 스피노자의 자율의 내재성 철학을 생각해보는 것도 어렵지 않다.

데카르트의 의식하는 주체에 대해서 문제의식을 가진

사람은 프랑스 정신분석학자 자크 라캉이다. 그는 미국의 데카르트주의자들인 자아심리학에 반발하면서 마치 거울을 들여다보면서 자신을 상상하는 아이처럼 상상계 내에서 분열되고 흔들리는 주체성을 생각한다. 그의 책『자크 라캉 세미나』(2008, 새물결)에서는 기계적 반복현상을 드러내는 똥, 유방, 시선, 성기 등에 고착된 부분충동현상이 제기된다. 이른바 'objet a'라고 지칭되는 이러한 현상은 들뢰즈와 가타리가 함께 쓴『앙띠 오이디푸스』에서 '욕망하는 기계' 개념의 모태가 된다. 물론 라캉에게는 이러한 육체 내의 기계현상은 다시 상징계라는 언어적이고 사법적인 질서 내부로 포섭되어야 할 것에 불과한 것으로 치부되어 결국 자동성 구도로 환원된다. 데카르트주의자들인 자아심리학의 의식적 주체보다 강력한 욕망의 자동성을 더 부드럽게 재구조화하려는 라캉의 시도가 있다.

반면 들뢰즈와 가타리에게서는 마치 입과 유방, 입과 손, 입과 발 등이 다형적 도착처럼 이질적인 것끼리 결합되는 것이 묘사된다. 이것은 공동체적 관계 속에서 이질적인 것끼리 결합해서 만든 기계현상 같은 반복현상이 자율적인 주체성을 생산할 수 있다는 생각이며, 라캉의 자동성 구도와 다른 자율성 구도를 의미하는 것이다. 들뢰즈와 가타리의『앙띠 오이디푸스』에서의 욕망하는 기계는 너와 나 사이의 흐름 속에 있는 사이 주체성에 대한 탐색이며 동시에 연결과 접속을 달리하면서 변화할 수 있는 공동체적 관계망 속에서의 관여적 주체에 대한 탐색이다. 라캉과 들뢰즈와 가타리는 데카르트와 스피노자의 양자 대결을 탈근대에 재현해낸다.

근대사회는 생명을 자동적인 것으로 보고 도구화하면서 동시에 그에 포섭되지 않고 자율성을 획득하려는 노동자를 대신할 자동기계장치를 만들어내려고 했다. 하지만 그 자동기계장치조차 민중과 생명의 자율성과 생태적 지혜가 기계화된 것이다. 자동성과 자율성의 대립은 데카르트의 '도구적 이성'과, 스피노자에서 빌헬름 라이히를 거쳐 펠릭스 가타리에 이르는 '생명 에너지로서 욕망'과의 대결 같은 것이다. 기계는 반복이며, 무의식의 성좌를 결정해낸다. 그러나 기계의 양면성은 자동성과 자율성의 대립에서 극단적으로 드러날 것이다.

자동성과 자율성

스마트 세대라고 불리는 새로운 세대를 관찰하다 보면 다소 우려되는 부분이 있다. 생활 속에 자동주의automatism와 자율주의autonomia가 뒤섞여 있어 그 차이점을 잘 모른다는 것이다. 자동주의와 자율주의 경향은 서로 중첩되거나 뒤

니라 개체적 자율성을 가지며 자기생산autopoiesis하는 것을 특징으로 한다고 규정한다. 우리가 먹는 많은 음식물은 결국 우리의 뼈와 살, 피, 간, 피부를 재생하는 데 대부분 쓰인다. 이를테면 피부는 한 달 후면 모두 새로운 피부로 바뀌어 있으며, 간은 두 달이면 새로운 간으로 대체된다. 계속 자기 자신을 새롭게 만들어내고 있는 것이다. 여기서 스마트폰의 페이스북과 트위터 같은 SNS로 자기 이야기를 하는 사람들도 사실 자신을 생산하기 위해서 그것을 쓰는 것이라는 추정을 할 수 있다. 또한 이러한 자기생산의 시각은 생명 각각이 자율적으로 움직이는 기계라는 점을 보여준다. 이것은 데카르트가 주장한 자동기계가 아니라, 자율의 원리에 따라 움직이는 기계를 뜻한다.

스마트폰은 자동주의와 자율주의라는 두 가지 입장의 기계 속성을 모두 가진 기계장치라 할 수 있다. 그래서 새로운 관계망을 만들고 소통하며 개체적인 자율성의 입장에서 실천하기 위한 도구가 될 수도 있지만, 일정하게 규정된 틀에 따라 자동적으로 움직이면서 그 기계적 피드백의 내부에 빠져들 수도 있다. 자율주의의 미시정치에 대한 단상을 발견할 수 있는 이들로 안토니오 네그리, 들뢰즈, 가타리를 들 수 있다. 먼저 네그리는 다중multitude이라는 주체성을 통해 초월적인 권력에 좌우되지 않고 이미 작동하는 내재적인 구성권력의 가능성에 대해서 언급한다. 그의 책『제국』(2001, 이학사)은 전 지구적인 네트워크 권력이 진화하는 과정을 제국주의 이후 세계질서와 관련 지어서 다루며, 이에 맞서 미시적인 영역에서 변화를 만들어내며 내재적인 관계망에서 기존 질서를 변형하는 다중에 대해서 언급한다. 여기서 다중은 근대자동주의 유형의 주체라기보다는 자율적인 행동과 실천을 수행할 수 있는 탈근대사회의 주체성을 의미한다.

자동주의와 자율주의라는 두 가지 유형의 모델을 조직 방식으로 사고한 사람은 들뢰즈와 가타리다. 이 두 사람은『천 개의 고원』이라는 책에서 몰mole적 방식의 조직화와 분자molecular적 형태의 조직화라는 개념을 통해서 자동주의와 자율주의의 양방향성을 모두 설명할 수 있는 방법을 구상했다. 먼저 몰적 방식은 조직화된 학교, 군대, 감옥, 병원 같은 기존 조직이 가진 자동주의 유형의 조직방식이며, 제도화되어 경직되고 이익관심에 따라 움직이며 중앙집중화되어 있다. 이에 반해 분자적 방식의 조직화는 유연하며 이익관심이 아닌 욕망에 따라 조직되어 있다. 분자적인 것은 늘 이행하고 횡단하고 변이되는 것으로 자율주의 유형의 조직방식이며 공동체나 네트워크 등이 이러한 모습을 보인다. 들뢰즈와 가타리는 분자적이고 자율적인 방식을 추구하지만, 분자적인 것이 점차 제도화되면 몰적인 것으로 바뀔 수밖에 없고 몰적인 것을 파괴하는 것이 절대 선은 아니며 분자적인 흐름을 통해서 조직되는 과정에서 배치되어야 한다는 입장을 가진다.

들뢰즈와 가타리 입장에서 보면, 자율주의의 도도한 흐름 속에서 자동주의를 적절히 배치하는 새로운 구상을 할 수 있다. 물론 이런 구상은 자동성이 자율성을 완전히 압도하는 것이 아니라 자율성이 자동성에 대해서 주도권을 가진 상황을 의미한다. 간혹 자율적인 집단이 자동적이고 수동적으로 움직이는 내부구성원을 배려하거나 필요에 따라 자신의 관계망의 일부를 자동적인 형태로 만드는 경우도 있다. 그러나 문제는 스마트폰에서 자동주의가 자율주의의 가능성을 압도해버리고 자동주의에 대한 환상을 강화하는 경향이 있다는 점이다. 예를 들면 스마트폰을 통해서 대부분의 사람들이 자동적으로 무엇인가 이루어졌다는 환상을 가진다. 스마트폰 세상에서는 자동적으로 사건이 벌어지고 생각이 전개되고 움직인다는 환상이 생긴다. SNS에 글을 쓰면 무수한 댓글이 달리는 것을 보면서 자신은 주목받고 있으며 찾아가서 관계를 형성하려고 노력하지 않더라도 자동적으로 관계가 형성될 것이라 생각한다. 자율성을 갖추기 위한 자기생산의 노력을 딱히 하지 않더라도 자동적으로 관계가 만들어지고 이루어질 수 있다고 생각하는 것은 매우 편리하고 매력적이기까지 하다.

이런 점에서 스마트폰이 가진 기계적이고 코드화된 질서 속에서 자동주의에 대해 문제의식을 갖지 않을 수 없다. 물론 스마트폰이 자율주의적인 방향에서 사용될 수도 있는 기계라는 점은 분명하다. 모든 기계는 자동주의와 자율주의 두 가지 속성을 함께 가진다고 보아야 할 것이다. 들뢰즈와 가타리의 방식으로 말하자면, 어떻게 분자적인 자율성을 활성화해 몰적인 자동성에 변화를 줄 수 있는가가 문제다. 자율주의 입장에서 스마트폰이 사용될 수 있는 풍부한 잠재력에도 불구하고 자동성에 중독되거나 빠져든 사람들이 많아지는 것은 하나의 사회문화현상이다. 결국 이 두 경향 모두를 가진 스마트폰을 이용한 자율적 사용에 대한 사례 연구가 필요하다는 생각이 든다. 예를 들어 MIT 대학생들이 슈퍼컴퓨터를 사용하기 위해 대학 문을 몰래 따고 대학 간의 통신회선을 해킹해서 자율적인 커뮤니티를 만든 초기 인터넷의 발생 역사를 떠올려보면 기술과 기계에 대한 자율주의의 방향성도 상상할 수 있을 것이다.

2장

집단지성은 생태적 지혜를 가지는가?

집단지성은 관계맥락에서 벗어날 수 있는가?

'네이버 지식인'과 '위키피디아 백과사전'은 이미 생활 속 깊이 파고들었다. 이러한 집단지성에 기반을 둔 정보들이 생활을 더욱 풍요롭게 만들었다는 점에 대해서는 누구도 부정할 수 없을 것이다. 더욱이 스마트폰을 사용하는 사람들에게 집단지성이라는 영역은 이제 생활에 매우 가까운 것이 되었다.

　온라인상에서 만들어진 집단지성은 누적되고 축적된 정보를 제공해준다. 정보이론은, 발신자와 수신자가 있고 의사소통 과정에서 신호와 메시지를 주고받으며 그 과정에서 정보를 남긴다고 설명한다. 즉, 소통의 흔적이 정보인 셈이다. 자신이 남긴 정보는 자신의 생각의 경로를 보여줄 뿐만 아니라 코드화되어 생각의 흔적까지도 형성한다. 대부분의 정보취득자는 정보생산자가 어떤 조건과 관계에서 정보를 남겼는지를 판단하지 않고 정보 자체가 던져주는 생각의 흔적이 주는 내용에만 주목한다. 인터넷에서 정보를 취득할 때는 코드화된 정보를 자유롭게 사용하는 데 익숙하지, 그 정보가 어떤 관계맥락에서 나왔는지에 대해서는 관심이 전혀 없다. 즉 관계망이 가진 의미연관, 생활연관, 세계연관은 모두 배제되고 단지 잉여로 간주된 신호와 메시지 상태로만 그것을 취득하는 경향이 강하다.

물론 인터넷이라는 전자적 직조 그물망에서도 정보이론이 가진 코드화된 체계에 따르지 않는 소통의 노력이 있다는 점은 부정할 수 없을 것 같다. 이를테면 인터넷을 가상적 관계망의 일종으로 바라보고 소통과 관계형성을 위해 사용하는 방향성이 그렇다. 그러나 우리가 검색엔진을 통해 나오는 정보를 취사선택하고 가공하며 사용할 때 대부분 소통 과정의 관계맥락은 제거된다. 나는 이 점에 대해서 여전히 문제의식을 갖고 있다. 자신이 어떤 관계망에서 생각을 만들어냈는지는 사소해 보일 수 있지만 매우 중요한 요소이기 때문이다. 어떤 배치냐에 따라 사람들은 다른 모습을 보이며 변용하고 색다른 생각을 만들어낸다. 어떤 사람을 만나느냐에 따라, 어떤 장소와 상황에 접촉하느냐에 따라 완전히 다른 생각을 갖게 되는 것은 어찌 보면 당연하다. 그러한 관계맥락이 완전히 제거된 상태에서의 정보는, 살아 움직이며 생동하는 요소를 뺀 나머지로서의 잉여로만 존재한다. 대부분의 스마트폰 검색엔진을 사용하는 사람들에게 집단지성은 이러한 정보라는 구성 요소가 총합된 것을 의미할 때가 많다는 점을 지적할 필요가 있다.

이러한 비표상적인 욕망과 정동의 흐름을 정보화하는 것은 사실 불가능한 일에 가까울 것이다. 비표상적인 욕망과 정동의 흐름을 또 다른 말로는 '사랑'이라 표현할 수 있겠다. 다소 상투적인 개념이 되어버렸지만 사랑은 다른 사람과 내가 뒤섞여 삶을 재창조할 수 있는 원동력임에 분명하다. 그러나 정보는 무의식의 흐름이 가진 야성성과 활력을 중화해 편편하고 균질적인 것으로 만들어 관계맥락으로부터 벗어난 상태로 만들어버린다.

관계망으로부터 벗어난 지성과 정보는 관계의 흐름을 정지시키고 화석화하는 과정으로부터 자유로울 수 없다. 정보의 코드화 과정은, 관계 속에서는 자연스러운 무의식, 욕망, 정동의 흐름이었던 것을 아주 낯설고 이질적인 것으로 만들어낸다. 물론 이 낯선 것과의 접속이 색다른 재미를 준다고 생각할 수도 있지만, 그가 정말로 느꼈을 관계맥락을 다른 사람이 마음대로 가져다 쓸 수는 없다. 정보에는 보편주의의 유혹이 있다. 다른 사람이 아는 것을 나도 알 수 있으며, 쉽게 공유할 수 있다는 생각이 그 것이다. 플라톤 이래로 이어져온 전통적인 철학은 대부분 보편주의의 함정에서 벗어나지 못하며, 이런 철학의 전통 은 스마트폰이 가진 '독특한 변용과 실천 없이도 지식을 알 수 있다'는 정보주의를 대변한다. 그래서 어떤 사람의 상황과 관계맥락을 전혀 모르더라도 보편적인 진리에 따라 파악할 수 있다는 철학은 스마트폰의 정보주의와 동일 선상에 있다.

이런 보편주의의 함정에 빠져드는 스마트폰의 정보주의와는 달리, 공동체와의 접촉과 소통 속에는 관계맥락을 가진 생태적 지혜가 있다. 이 생태적 지혜는 무의식의 화용론을 통해서만 파악 가능한 삶의 영역이며, 세계의 영역이다. 따뜻함과 부드러움 속에서 너와 나 사이에 관계가 만들어내는 지혜는 삶을 윤택하게 하는 소재이다. 이와 달리, 관계맥락에서 완전히 벗어난 지성은 집단지성이라 할지라도 보편주의의 덫으로부터 자유로울 수 없다. 나는 관계맥락이 가진 비표상적인 흐름이 제거된 상태에서의 집단지성에 대해 문제의식을 가지면서 집단지성의 역사에 관해 차근차근 짚어볼까 한다.

마르크스의 『정치경제학 비판 요강』에서의 일반지성에
대한 구상을 접했을 때, 나는 과학적 사회주의의 성장주
의에 입각한 기술낙관론이나 프랑크푸르트학파의 기술
비관론에 입각한 네오 러다이트, 또는 과학기술자들이 흔
히 자신을 정당화하기 위해 언급하는 기술중립론을 넘어
서 기술의 재전유론의 정립 가능성을 보았다. 이는 닉 다
이어 위데포드의 『사이버-맑스』(2003, 이후)의 핵심적인
테마이기도 하다. 마르크스의 일반지성이라는 개념은 노
동자계급이라는 주체의 시각에서 기계류를 바라보았기
에 노동의 패러다임을 벗어난 활동과 욕망의 영역에서 작
동하는 기계에 대해서는 침묵할 수밖에 없다.

 스마트폰을 노동자계급의 손으로 돌려주는 것이 문제
가 아니라 노동자들이 스마트폰에 빠져들어 자신의 욕망
이 가진 자율성으로부터 멀어지는 문제가 더 첨예한 현실
이지 않은가? 또한 관계맥락이 반드시 노동으로만 구성
되어야 한다는 것이 과연 적절하다고 볼 수 있는가? 마르
크스의 일반지성이 다채로운 관계맥락을 제거했다는 지
적으로부터 자유로워지기 위해서는, 지성을 만들어내는
것이 굳이 노동만이 아니라 다양한 활동과 욕망행위에서
도 비롯될 수 있다는 점을 인정해야 할 것이다. 그렇지 않

다면, 마르크스의 일반지성 논의는 관계맥락이 가진 다채로운 가능성을 제거한 정보주의의 문제점으로부터 벗어나지 못한다. 그런 의미에서 소수자나 민중의 욕망이 기계류를 산출할 관계맥락과 능력을 갖고, 기술혁신에 기여한다는 점을 인정해야 '노동'의 패러다임에서 '욕망'의 패러다임으로의 이행이 가능하며 욕망가치에 기반을 둔 기본소득에 대한 혁신적 논의도 가능해진다. 즉 비노동민중의 욕망노동은 기계류 혁신에 기여하기에 기본소득을 주장할 권리가 있는 것이다.

마르크스의 '일반지성'이라는 개념을 계승한 자율주의자autonomist는 포스트포드주의를 분석할 때 자본주의가 '대중지성'multitude intellect에 의존해 과학기술을 혁신하고 새로운 착취 영토를 개척하려는 것에 주목했다. 더 이상 자본주의 생산능력은 대중지성이 가진 능력을 통하지 않고서는 발전할 수 없다는 점이 명백해졌기 때문이다. 자본주의는 대중지성을 어떻게 동원할 것인가에 대해서 더욱 몰두했고 실제 업무에 적용하기도 했는데, 그 대표적인 사례가 팀 제도다. 팀 제도는 기존의 직분, 역할, 기능을 재배치해서 시너지 효과를 갖게 하려는 자본의 의도로서 대중지성을 생산현장에서 동원하기 위한 기법이다. 이 외에도 자본은 구조조정과 노동유연화 같은 방법을 통해 경직된 생산현장의 배치를 유연화하고 사회적 노동자를 동원할 수 있는 방법을 부심했다.

네그리는 『제국』에서 탈근대자본주의가 사회를 실질적으로 포섭하고 있음에도 그것이 대중의 내재적인 힘과 구성권력, 대중지성에 기반을 둔 배리背理의 시스템임을 밝힌다. 제국과 대중 간의 이율배반적이면서도 상호의존적인 관계는, 대중지성에서도 여실히 드러난다. 제국의 외부가 사라지고 제3세계가 제1세계 내부에, 제1세계에 제3세계가 이식된 상황이 연출되어 외부로부터 매개되는 자본주의 바깥이 존재하지 않음에도 불구하고 탈근대자본주의는 어느 때보다 대중지성에 대해서 의존해야 하는 역설적인 상황이 연출된다.

대중지성은 대중자율성의 또 다른 이름이며, 스스로 진화하고 확산되는 메타 생물체처럼 떼를 이룬 군집적 집단이 인지적인 차원에서 지성을 교류하는 상황을 의미한다. 한국의 촛불집회 논쟁에서 촛불의 진화 과정을 추적한 많은 글이나 책이 이러한 대중지성에 대해서 주목한 것은 우연이 아니다. 촛불군중의 대중지성은 다층적이고 다차원적이며 다중적인 집단들이 군집을 이루어 각자의 접촉 경계면에서의 인지적인 정보나 지식을 주고받으면서 공통의 행동을 결정하고 자신의 앞으로 실천방안을 결정하는 등 거대 생명체 같은 모습을 보였다.

여기서 스마트폰을 사례로 든다면 어떨까? 대중지성에

대한 글들은 대부분 인터넷의 발전이 떼, 무리, 군집을 형성할 수 있는 계기였다고 말하며, 많은 사람들이 거기에 대해서 일말의 의심이나 토를 달지 않았다. 앞서 말했듯이 스마트폰은 이중적인 기계장치이다. 그것은 외부에 대해서 열리고 자기생산을 도모하며 소통할 수 있는 '기계론적 기계'일 수도 있지만, 닫히고 코드화되어 폐쇄된 반복강박으로 향하는 '기계학적 기계'일 수도 있다. 대중지성이라는 개념을 스마트폰에 그대로 적용해 사용할 수 없는 근거가 여기에 있다. 마르크스의 일반지성과 마찬가지로 네그리 등 자율주의자들의 대중지성은 기계의 양면적인 성격을 바라보지 못한다. 또한 지성이 누적되고 축적되는 과정을 정보적 코드화로 한정해서 바라본다면, 다채로운 관계맥락이 사라진 정보의 보편주의를 통해 설명하는 방식을 벗어날 수 없다. 그래서 마르크스의 일반지성은 헤겔의 보편적인 절대이성과 아주 유사한 위상에 있다는 비판조차 가능할 것이다. 이런 점에서 일반지성과 대중지성 논의는 스마트폰과 관련된 현상을 설명할 때, 이론적 도구의 한계를 느낄 수밖에 없는 개념이라 할 수 있다.

피에르 레비Pierre Levy의 『집단지성』(2002, 문학과지성사)은 '사이버공간의 인류학을 위하여'라는 부제를 달고 있으며, 사이버공간을 사용하며 서식하는 사람들이 신인류라 일컬어지는 상황에 대해서 설명한다. 그는 들뢰즈와 가타리의 '몰'과 '분자'라는 개념 구도를 빌려 와서 사이버공간의 형성이 지성사에서 어떤 역할을 하는지 대차대조표를 작성한다. 기존의 몰적이고 초월적인 질서는 권력에 기반을 둔 주류 미디어이며 대의민주주의를 표상한다면, 새로운 사이버공간은 분자적이며 내재적인 역능에 기반을 둔 직접민주주의를 표상한다. 이러한 구도는 하이퍼텍스트hyper-text에 기반을 둔 사이버공간의 집단지성이 내부에 새로운 질서를 갖고 있다는 점을 그려내는 것이기도 하다.

레비의 사이버공간에서 집단지성에 대한 사고방식에 따르면, 인터넷은 신인류라 할 수 있는 새로운 주체성을 배태한 매우 획기적인 기술이다. 이러한 생각은 넷의 혁신적인 역할이 막 태동했을 때 기대감과 설렘을 보여주는 것이기도 하다. 물론 레비는 마르크스의 일반지성이나 네그리의 대중지성과는 다른 방식으로 집단지성을 설명하고 있어서 집단지성에 대한 색다른 시각을 드러낸다. 지구-영토-상품-지식으로 이행하는 인류의 행로를 그리는 그의 탐색은 시간-공간-에너지와 기호, 공간에서의 변화를 차례로 추적하는 것이다. 사이버공간의 잠재력을 강조하고 찬양하는 그의 시각은 초기 인터넷의 열광을 잘 드러내는 것이기도 하다. 그러나 네트워크를 마치 신인류의 지리적 영토라고 찬양하는 것이 과연 기계류에 대한 올바른 관점을 의미하는지에 대해서는 다시 한 번 생각해봐야 할 것이다.

집단지성과 생태적 지혜의 차이

우리가 스마트폰을 통해 집단지성에 접근할 때 대부분 집단지성에 기여하고 생산하는 입장에 있는 것이 아니라 철저히 소비자와 관객의 위치에 있다는 것은 부정할 수 없다. 특히 인터페이스 환경이 입력과 생산보다는 출력과 관람에 더 적합한 스마트폰 환경에서는 이러한 문제가 노골적으로 나타난다. 일단 집단지성이 형성되려면 관계에 대한 필요에서부터 시작할 수밖에 없다. 스마트폰에서 인터넷 검색을 통해 집단지성을 취득하고 그 지식이 마치 자신의 것인 양 생각하는 사람들을 많이 보아왔다. 그러나 자신의 생활연관과 실존을 형성하는 관계 이외의 지식들이 과연 자신의 말이나 생각인지에 대해서 의심해볼 필요가 있다. 자신의 삶과 무관한 지식들은 그저 지식일 뿐이지, 결코 살아 움직이는 지혜로서 지식이 될 수 없다. 예를 들어 프랑스 사회를 열광케 한 미셸 푸코Michel Foucault의 『광기의 역사』(2003, 나남출판)는 자신이 젊었을 때 겪은 정신병원에서의 생활과 관계에서 출발한 책이라는 점에 주목해야 한다. 푸코가 쓰고 생각한 사유가 가치 있는 것은 아주 특이한 개인이 생활연관 속에서 체험한 역사적이고 사회적인 삶을 다루고 있기 때문이다.

나는 젊은 시절 비정규직 노동에 따른 불안정한 일자리 때문에 늘 정서적인 어려움을 겪었다. 아주 작은 원룸에 살며 직장에서 사람을 만나지만 거의 대화를 하지 못하는 상황에서 몇 년을 버티다가 결국 직장을 그만두고 잠시 쉬게 되었다. 그래서 일자리 상담을 하는 곳에 찾아갔는데, 사실 일자리가 목적이 아니라 '어떻게 살아야 할 것인가'에 대한 지혜를 얻고자 하는 목적이 더 컸다. 일자리를 얻은들 고독하고 외롭고 불안정한 상황이 극복될 수 없다는 것이 명약관화했기 때문이다. 그러나 막상 찾아가보니 상담원은 따뜻한 위로와 부드러운 미소 대신, 마치 일을 안 하는 사람은 나태한 사람이라는 듯이 일자리를 기계적으로 소개하고 있었다. 나는 20대 젊은이들이 스마트폰에서의 집단지성에 의존하는 것이 이러한 나의 경험과 마찬가지 상황을 의미하는 게 아닌가 생각한다. 스마트폰의 집단지성이 알려주는 정보보다 더 따뜻하고 부드러운 정서적인 관계를 형성하는 것은 삶의 풍요와 정서적 도움이 가능할 수 있는 길일 것이다.

초기 인터넷은 '백인-남성-성인'의 전유물이었다. 인터넷 매체가 가진 인지적이고 합리적인 소통방식은 여성의 감성적인 표현에 적합하지 않다는 점이 지적되기도 했다. 텍스트 기반의 소통방식에서는 감정전달이나 정서의 교감은 거의 불가능하다. 그렇기 때문에 가장 위생적이고 합리적인 대화가 오가며 그 속에서 남성적인 욕망이 교차한다. 왜냐하면 이성적이고 합리적인 방식의 대화는 남성의 전유물이기 때문이다. 여기서 스마트폰의 집단지성은 대부분 남성적 정서에 기반을 둔다는 점을 지적해야 할 것 같다. 정서적인 순환 속에서 이루어지는 지혜의 대부분은 여성이라는 주체성에 의해서 이루어지는 소통과 대화방식이다. 어찌 보면 생태적 지혜는 우리 할머니들이 가진 음식과 종자, 발효, 어떻게 살 것인가에 대한 지혜라 할 수 있으며, 정보화되어 누적될 수 없는 보이지 않는 영역의 것일지도 모른다. 이렇듯 보이지 않는 정서와 감정은 코드화될 수 없는 영역이 대부분인 것이다.

생태적 지혜가 감정, 정서, 정동과 관계되기에 기록으로 코드화할 수 없으며, 보이지 않는 영역의 것이라는 점 때문에 우리는 이웃과 친구, 스승을 만나러 가까운 곳이나 먼 곳을 찾아간다. 집단지성이 정보로 코드화되어 가장 접근하기 쉽고 누적되고 축적되어 그 혜택을 다중이 누릴 수 있다는 점은 분명하지만, 정작 알려고 한 것에 대해서는 말하지 않는다. 관계를 맺는다는 것은 그저 정보를 탐색하는 것이 아니라 만나는 상대의 정서와 감정의 흐름에 몸을 싣고 느껴보는 것이다. 또한 관계를 일단 형성하면 자신이 알지 못한 자신에 대해서 알게 될 뿐만 아니라 자신이 지금 무엇을 해야 하는지 가장 궁극적이고 실존적인 질문에 대한 응답을 들을 수 있다. 그러나 스마트폰을 통해서 간단하게 관계의 문제를 해결하려는 나태함은 이러한 것들을 놓치게 만든다.

여기서 푸코가 개방한 진리, 주체, 인간이라는 근대적 패러다임의 담론 속에 미시권력이 숨어 있다는 지적에 대해서 다시 생각해봐야 할지도 모르겠다. 집단지성은 생활 연관에서 만들어지는 지혜를 벗어난 보편타당한 실재론적 진리를 여전히 작동시키는 한계를 가지기 때문이다. 이는 객관적인 진리가 있는가라는 논쟁을 수반하는 것이기도 하다. 마르크스의 일반지성이나 네그리의 대중지성을 주장하는 많은 사람들은 여전히 객관적인 진리가 존재한다는 입장을 놓치지 않으려는 경향이 있다. 그래서인지 마르크스주의자들이나 자율주의자들에게 집단지성은 인지적이고 합리적인 지성의 대안으로 여겨지고 마치 대안 사회가 합리적이고 인지적인 방식으로 만들어질 수 있다는 환상의 여지도 주는 것 같다. 이 점에 대해서 다음 장에서 더 자세히 다루면서 생태적 지혜와 집단지성의 근본적인 세계관의 차이를 드러내고자 한다.

'네이버 지식인'과 '위키피디아 백과사전'은 집단지성의 산물이라 평가되지만 혹자는 집단지성이 인터넷 공간만으로 한정되지 않는다고 말한다. 앞서 언급했듯이 집단지성이 인지적이고 합리적인 것에만 머문다면 비물질적이고 정서적인 차원에 대해서 설명력을 갖출 수 없다. 그러나 사람들은 보이는 것, 기록된 것, 코드화된 것에 대해서만 주목할 뿐, 우리의 삶을 구성하는 보이지 않는 것, 기록할 수 없는 것, 탈코드화된 것에 대해서는 왜 말하지 않을까? 이런 의문을 가진 이유는 모든 학문과 지식의 체계와 진리가 보편적이고 객관적으로 존재할 것이라는 생각으로부터 연유하기 때문일지도 모른다.

플라톤은 『국가론』(1997, 서광사)에서 실재론이라는 철학적 전통을 만들어냈다. 실재론은 객관적인 진리가 현실이 아닌 이데아 같은 세계에 존재하며 그것이 진짜고 원본이라 본다. 진짜이자 원본인 객관적인 진리는 따로 있고 자신이 사는 현실세계는 차이와 파편화로 인해 완전한 세계가 아니며 허상이자 그림자라고 얘기한다. 들뢰즈는 『의미의 논리』(1999, 한길사)에서 시뮬라크르simulacre라는 개념을 통해 차이 나는 현실세계에 대해 언급하면서 플라톤주의에 정면으로 맞선다. 지금까지 모든 학문이나 지식, 철학은 사실 플라톤의 실재론적인 전통에서 디자인되었으며, 보편적이고 객관적인 진리가 현실과 따로 존재한다는 것이 핵심적인 내용이다. 실재론에서 보편적이고 객관적인 진리는 생태계의 종합적인 관계망에 입각한 지혜라기보다는 생태계 밖의 마치 동물실험실같이 지극히 이상적으로 블랙박스black-box화된 공간에서 분석될 수 있는 진리이기에 문제가 된다. 실재론의 진리는 현실생태계와 관계망과는 별도로 존재하기 때문이다.

반실재론적인 전통은 푸코에 의해 개방되었고 들뢰즈와 가타리에 의해서 꽃피웠다고 해도 과언이 아니다. 푸코는 근대의 지식, 주체, 인간에 대해서 문제제기하면서 실재론적인 의미의 지식에 정면으로 맞섰다. 이러한 반실재론이, 진리는 존재하지 않으며 모두 상대적일 뿐이라는 방식의 해체주의나 상대주의와 다른 점은 보편적인 진리의 실재에 대해 의문을 가지면서도 자신의 유한한 생활연관 속에서 구성된 지혜에 대해서는 긍정한다는 점이다. 여기서 집단지성과 생태적 지혜의 근본적인 세계관에서의 차이를 도출할 수 있다. 집단지성이 다중, 떼, 집단의 주체성에 의해서 만들어진 공통의 지식임에도 불구하고 여전히 보편적이고 객관적인 진리에 도달할 수 있다는 기본 구도를 가진 점은 부정할 수 없다. 집단지성은 단지 지식생산에서만 집단의 힘과 지혜가 모아질 뿐, 근본적인 지식 시스템에 파열을 낼 정도의 문제의식으로 나아가지 못했다는 점은 분명하다.

자기 삶의 영역은 유한하고 국지적이며 지도처럼 찢어질 수도 조각나서 다른 데 붙을 수도 있는 그림의 구도로 나타난다. 이러한 삶의 영토는 관계망의 배치에 따라 그 성격을 달리하는 것이며, 그것이 어떤 관계망인가에 따라서 아주 다른 정서와 지혜를 생산해낸다. 관계망 또는 연결망의 비밀에 대한 탐색은 삶의 영토에 대한 탐색이라 할 수 있다. 많은 과학자와 자본가 들이 이러한 생태적 지혜가 가진 색다른 힘에 주목하면서 이것을 네트워크 내로 포섭하기를 원했다.

보편적이고 타당한 진리가 있을 것이라는 근대적 지식의 틀에서 벗어나지 않는 집단지성의 한계는 분명하다. 하지만 지성의 생산 과정에서 네트워크라는 관계망의 힘을 빌렸다는 점에서는 높은 평가를 받는다. 그런데 과연 정보주의 입장에서 만들어지는 집단지성이 사람들 사이에서 다양한 관계의 효과를 모두 담아내는가 하는 점에서는 의문을 가지게 된다. 동시에 관계맥락과 생활연관이 배제된 지식 구축물이 우리 삶에서의 관계를 더 풍요롭게 하는 결정적인 것이라 볼 수 있는가 하는 의문을 가질 수밖에 없다.

인터넷 집단지성이 가진 합리적이고 인지적인 지식의 성격과 달리, 민중, 소수자, 생명이 가진 생태적 지혜는 자신이 접촉하고 관계하는 삶의 영역에서 체득된 것이며, 이것은 반드시 언어라는 코드로 나타나는 것은 아니다. 만약 인터넷상에서 언어라는 코드를 통해 나타난 집단지성이나 거리에 선 촛불군중의 대중지성에 대해서만 생각한다면 생명, 생태, 생활의 관계망이 가진 생태적 지혜의 가능성을 아주 협소하게 이해하는 것에 불과할 것이다. 스마트폰을 사용하는 사람들이 집단지성을 쉽게 이용하는 이유는 그와 다른 관계 속에서 지혜를 구하는 노력보다 쉽게 정보를 취득하는 것에 익숙해져 있기 때문이다.

공동체 내에서 유통되는 지혜는 보편타당한 진리가 아니라 공통의 것으로서 생태적 지혜이다. 보편적인 것the universal과 공통적인 것the common은 완전히 다른 개념이다. 보편적인 진리가 모두에게 적용될 수 있는 객관적인 것이라면, 공통적인 지혜는 특이한 것들을 인정하고 차이 나는 것들 간의 유한한 관계 속에서 출현한다. 현대인은 워낙 고립되고 소외되다 보니 공통의 것을 통해서 자신의 삶의 지표와 행위를 결정하려는 방식에서 멀어졌다. 그래서 '보편적이고 객관적인 진리가 있으며, 그것이 집단지성으로 나타난다면 나의 삶은 더 풍요로워질 것이다'라는 생각을 하게 된다. 그러나 삶의 풍요는 공동체적 관계의 풍부함으로부터 기인하는 것이지, 과학적인 진리를 마음껏 사용할 수 있다는 데서 나타나는 것은 아니다. 물론 집단지성의 긍정성에 대해서는 이루 헤아릴 수 없는 찬사와 찬양이 있었기에 일일이 열거하기 어려울 것 같다. 하지만 집단지성조차 벗어나지 못한 보편주의나 정보주의의 한계를 넘어서야지만 정말로 지혜로운 삶과 접촉할 수 있으리라는 점은 분명하다. 공동체에서 유통되는 지혜는 단순히 문화적인 문제가 아닌 다채로운 생활, 생태, 생명들이 만들어낸 것이다. 문화라는 말로 덧칠되기에는, 문화 향유라는 문제를 넘어서 삶 자체를 만들어내는 '내재성의 구도'plan of immanence를 구성하는 원리이기 때문이다. 어쩌면 고루하고 진부하다고 여겨질 만한 생태적 지혜를 지금에 와서 구구절절 언급하는 것은 집단지성의 논의를 넘어선 색다른 네트워크와 공동체 조성 가능성에 대해서 고민하는 조심스런 시도이기도 하다.

접속의 '지성'을 넘어선 접촉의 '지혜'

0과 1의 매트릭스 언어로 구성된 정보화된 네트워크는 정보의 엔트로피entropy를 낮출 수 있어서 효율적이라 평가된다. 우리가 어떤 정보를 접할 때 그것을 설명하는 말이 많아지면 정보의 엔트로피는 높아진다. 예를 들어 컵을 보고 '손잡이가 달리고 물이나 음료수를 먹을 수 있으며 홈이 파인 것'이라고 하는 귀납적인 논증보다 '컵은 컵이다'라는 연역적인 순환논증이 훨씬 정보 엔트로피가 낮다. 인터넷에서의 정보기호는 단순화해 최소한의 코드로 전달할수록 효율적이라 평가된다. 그러나 이런 경우는 어떨까? 귀납적인 방식을 제외하고도 정보 엔트로피가 훨씬 높아지는 경우가 있다. 예를 들어 사물의 의미를 고정시키지 않는 아이들이 컵을 보았을 때 컵에 대한 비표상적인 흐름을 부여해 "우주로 가는 블랙홀, 손전화기, 마법사의 잔, 장난감 등……"으로 계속해서 의미를 고정시키지 않고 이행하고 변화하는 경우. 이 경우 정보의 엔트로피는 매우 높아져서 결국 그 효율성이 현저히 낮아진다.

내가 왜 이런 얘기를 하는가 하면, 정보의 엔트로피라는 개념 자체가 사실상 가장 적은 기호로 의미를 전달하려는 효율성의 논리에 종속되어 있지만 우리가 필요로 하는 것은 어찌 보면 가장 비효율적이면서도 감성과 정서를 전달할 수 있는 것이어야 하기 때문이다. 예를 들어 우리가 사랑하는 사람을 만났을 때 가장 단순하고 효율적인 언어로 의미를 전달하지 않고 끊임없이 여러 가지 의미를 넘나들며 사랑과 신체변용의 느낌을 확장하는 경향이 있다는 점을 들 수 있다. 그래서 자꾸 딴소리를 하면서 여러 가지 얘기를 늘어놓고는 애인이 "왜 그러는데?" 하고 한마디를 쏘아붙이면 대화가 경색되는 것을 느낄 수 있다.

사실 사랑하는 사람과의 대화에는 "왜?"라는 것으로 단순화할 수 없는 비표상적인 흐름의 교감이 있다.

스마트폰이 전달하는 말이나 단어는 매우 단순화되어 있고 극도로 효율적인 기호질서에 종속되어 있다. 그래서 계속해서 '왜, 왜!'를 말하는 것 같은 대화가 이어진다. 스마트폰의 집단지성의 경우에도 마찬가지로 이러한 효율적인 정보전달방식을 채택한다. 스마트폰을 통한 접속은 일차원적인 의미전달방식으로 이루어지지만 우리가 실제로 사람을 만날 때의 접촉은 매우 다차원적인 무의미나 여러 의미의 횡단 혹은 비표상의 흐름에 기반을 둔다. 더욱이 사람과의 접촉은 의미전달이나 정보전달, 표상으로 나타내기 위한 것이 아니라 "이것일 수도, 저것일 수도 있는" 동시에 여러 가지 의미와 표상을 넘나드는 것일 수 있다. 그래서 관계는 극단적으로 효율화될 수 없으며 여러 가지 방향성을 한 번에 그려낼 수 있는 다차원적인 것이다. 때문에 관계는 반영과 모사를 통해서 알 수 있는 것이 아니라 다양한 방향성을 짚어봐야 하는 일종의 지도 그리기를 통해서 표현된다.

〈접속〉이라는 영화가 선풍적인 인기를 끈 1990년대, PC통신 시절 사람들은 아주 다른 시공간에 있는 사람들이 갑자기 낯선 곳으로 튕겨져 나오듯이 접속을 통해서 만날 수 있다는 가능성에 환호했다. 그리고 접속보다 접촉을 훨씬 고루한 것처럼 느끼는 사람들도 있었다. 그러나 낯선 시공간의 사람들을 진정으로 느끼기 위해서는 접촉을 통해야 하며, 낯선 사람들과 관계를 형성하고 정서, 감정, 정동을 느끼기 위해서는 실질적으로 여러 가지 딴소리를 주고받아야 한다. 그랬을 때 표정, 냄새, 몸짓, 음조 등을 통해 낯선 사람들이 어떤 생각을 하고 어떤 리듬 속에서 사는지 알 수 있다.

집단지성이 채택한 접속방식은 관계형성에 대한 다채로운 문제를 간과하는 측면이 있다. 관계가 인지적이고 합리적으로 이루어지며 정보 엔트로피가 낮은 대화방식이 정보전달에 효율적이라는 점은 부정할 수 없다. 하지만 사람들이 접속하는 이유는 실제로 어떤 정보를 취득하기 위해서이기도 하지만, 사실 도시생활의 외로움과 고독, 무위 때문일 수도 있다. 그러한 근본적인 이유에 대해서 접속이 해결해줄 수 있는 지식은 한계를 가지게 마련이다. 이에 반해 전통적인 관계 맺기 방식인 접촉은 정보의 효율성보다는 정서와 감정을 교류하는 데 목표를 가지면서, 관계 속에서 생태적 지혜를 형성한다. 동시에 접촉은 의미를 고정시켜서 '그것은 그것이다'라고 정의할 수 있는 것으로 만드는 것이 아니라 '이것일 수도, 저것일 수도' 있는 비표상적인 흐름을 만들어내며 생각을 움직이게 만든다.

자본주의는 고정관념에 의해서 유지된다. 일례로 자본

주의의 등가교환은 어떤 고정된 의미가 존재하지 않는다면 불가능할 것이다. 집단지성의 정보들은 자본주의가 요구하는 고정관념을 넘어서기 위해서 생각을 움직일 수 있는 의미와 의미 사이, 의미와 무의미 사이에서 비표상적인 흐름을 만들어야 할 것이다. 그런데 생각을 움직일 수 있는 비표상적인 흐름, 정서와 감정의 흐름은 접속을 통해서는 불가능하며, 접촉이라는 다차원적인 느낌이 교차하는 형태를 통해서만 가능하다.

접촉을 기반으로 한 생태적 지혜는 스마트폰의 집단지성보다 훨씬 풍부한 가능성과 잠재력을 가진 관계방식이다. 하지만 도시에서 고립되고 가족생활에 포위된 사람들은 생태적 지혜와 접촉에 의존하기보다는 가장 효율적이고 빠른 정보취득에 의존한다. 자살위기, 고독, 무위, 소외 등에 빠진 사람들에게 접촉은 어떤 고급정보보다 더 필요한 부분이다. 스마트폰이 장악하고 전도시킨 세상에서 접촉의 풍부한 가능성에 주목하는 것은 새삼스럽지 않다. 이렇게 다시 한 번 접촉을 언급하고 생태적 지혜를 곱씹어보는 이유는, 스마트폰 같은 기계류에 포위된 현대인이 정말로 자신에게 필요한 것이 무엇인지 망각하지 않았나 하는 우려 때문이다. 관계에서 해결될 부분을, 오히려 관계를 낯설게 만든 정보를 통해서 해결하는 것은 전도된 아이러니라고 할 수밖에 없지 않은가?

3장

스마트폰의 정보주의는 기계화된 관념론인가?

정신의 자기운동에 빠져든 청년 노동자들

스마트폰과 젊은이의 관계는 노인과 텔레비전 관계와 유사하다는 생각이 든다. 노인들의 고독, 소외, 무위, 외로움, 가난과 빈곤을 위로할 수 있는 것이 텔레비전이다. 텔레비전을 통해 노인들은 세상과의 유일한 창을 열며 관념의 자기운동 속에서 울고 웃는다. 가난한 노인들이 다른 여가방식을 선택한다는 것은 불가능에 가까우며, 특히 우리나라처럼 사회안전망이 제대로 되어 있지 않은 나라에서 노인들의 일상은 텔레비전의 기계화된 관념론에 지배받는다. 노인들이 텔레비전을 본다는 시도는 어떤 흥미와 재미를 소재거리로 하고 있지만 대부분 잠시 현실을 망각하고 다른 생각을 하게 만들며, 일정한 정보와 이미지의

스마트폰의 정보주의는 기계화된 관념론인가?

소비를 통해서 자신의 두뇌 호르몬에 작동을 가해주는 기계적인 배치의 성격을 띤다.

이제까지의 관념론은 추상적인 형태로만 존재해왔다. 구체적인 기계를 통해서 나타난 것은 근대 이후부터였다. 특히 기계적 피드백이 정신에 미치는 효과와 정신의 자기운동을 관념론의 범주에서 파악하지는 않았다. 그러나 기계장치 속에서 환상을 꿈꾸는 많은 사람들의 상황을 보면 기계장치와 관념의 자기운동이 무관한 것이 아니며 오히려 매우 밀접한 관련을 가진다는 것을 알 수 있다. 유물론을 정립한 마르크스의 시대에는 관념론이 신이나 국가주의 이데올로기 같은 매우 추상적인 관념의 상으로 간주되었지만, 21세기에는 정보와 코드, 이미지라는 새로운 방식의 기호작용에 의해서 관념이 형성되고 자기운동하는 바를 새로운 관념론이라고 생각할 수밖에 없다. 그런데 "왜 굳이 관념론에 대해서 비판하는가? 관념이 자기운동하는 것이 무슨 잘못이라도 있는가?"라고 질문하는 사람들도 있을지 모르겠다.

그레고리 베이트슨의 『마음의 생태학』(2006, 책세상)은 마음의 문제를 사회적인 관계망에서 사고하는 연구방식을 따른다. 마음의 문제를 생각할 때 흔히 모든 게 마음먹기 나름이라는 식으로 생각하기 쉬운데, 사실상 마음의 생태계는 사회적인 관계망과 배치가 만들어내는 생각의 조성형태이다. 베이트슨은 정신분열증이 발생하는 사회-문화적인 역학을 매우 실험적으로 그려낸다. 그는 마음이 그리 신비로운 방식으로 존재하는 것이 아니라 어떻게 사회적이고 집단적으로 관계를 맺는가의 여부에 따라 달라질 수 있다는 것을 보여주었다. 반면 기존의 관념론은 마음과 관념의 문제가 스스로 움직이는 자율성을 가진다고 생각해서 마치 배치와 관계망을 통하지 않고서도 변화하는 것으로 보았다. 관념론의 그러한 방식의 사고는 "마음이란 무엇인가?"라는 근본적인 질문을 회피하며 배치나 관계망 없이도 자유롭게 사유하는 근대적 주체의 신화로 만들어냈다.

나는 한 사람의 마음을 움직이는 것이 얼마나 어려운지에 대해서 얘기하려고 한다. 정보주의는 관념이 서핑surfing을 통해서 자유자재로 움직이고 횡단할 것이라 설정한다. 그러나 관계망을 횡단하기 위해서는 배치를 잘 살피고 다른 사람과의 관계 맺기 방식을 바꾸어야 한다. 마음이 변화한다는 것은 관계의 변화와 마찬가지 위상에 있다. 가타리가 임상심리치료사로 있었던 라 보르드 병원의 경우 환자와 의사, 간호사가 똑같은 복장을 하도록 했으며 분열증이나 우울증을 앓는 환자들을 위해서 '일일활성화소위원회'라는 관계망을 만들어 마치 진짜처럼 거래를 하고 음식을 팔고 파티를 했는데, 그것은 사실 힘들고 어려운 마음의 성좌를 변화시키기 위해서 관계 맺기의 방식을 바꾸는 것이었다. 이러한 관계와 배치의 차원 이외의 마음의 영역을 따로 설정하는 것이 관념론이다.

기계화된 관념론은 정신의 자기운동으로 이루어지지만 배치와 관계망의 변화에 따른 마음의 변화 같은 위상의 것이 아니라, 문화향유 차원이나 관계에 대한 대리충족적인 차원에서 이루어진다. 스마트폰의 문화향유는 자신이 처한 상황과 신체의 조성을 바꾸지 않고도 느끼고 즐기는 방식을 따른다. 자신의 삶을 바꾸어서 절실하게 느끼는 것이 아니라, 자신의 삶의 고정성은 변화하지 않은 채로 표피적인 정신의 부분에서 생각과 감성이 미끄러질 뿐이다. 여기서 자본과 상품과 화폐를 작동시키는 고정관념을 철저히 의문시하지 않은 채 그 내부에서 자유롭게 움직일 수 있다는 환상이 동원된다. 자본주의 등가교환은 '책상은 책상이다'라고 정의하고 의미화하는 방식에 멈추어 있다. 그래서 사람들은 '책상은 책상일까?'라며 문제제기를 던지면서 이러한 고정관념을 벗어나지 못하고 스스로의 생각만 자유롭게 움직이고 향유할 수 있다는 착각에 빠진다.

이러한 자본주의의 문화적인 차원의 욕망과 정신세계를 잘 밝혀낸 사람이 바로 자크 라캉이다. 그는 『자크 라캉 세미나』에서 오이디푸스라는 고정관념에 사로잡혀 협착되어 있으면서도 끊임없이 환유적으로 미끄러지는 욕망의 현상에 주목했다. 라캉은 자본주의적인 문화에 대해 매우 탁월한 분석력을 보여준다. 그의 이론은 스마트폰이라는 기계장치를 통한 정신의 자기운동이 가진 미끄러짐이 관계망을 횡단해 마음을 움직이는 것이 아니라, 오히려 자본주의의 고정관념과 질서에 사로잡힌 사람들이 자신이 아버지 질서인 상징계에 예속되거나 협착狹窄되기 때문에 이리저리 둘러대며 미끄러지거나 이를 향유의 방식으로 해결하려고 할 때 보이는 모습이라는 점을 설명할 수 있게 해준다.

여기서 라캉의 '미끄러짐'과 가타리의 '횡단'은 완전히 다른 것이다. 예를 들어 도둑이 경찰 앞에서 이리저리 둘러대는 것이 라캉의 미끄러짐이라면, 가타리의 횡단은 아이들에게 일정 시간을 주면 계속 놀이를 바꾸고 창안하며 이행하고 변이하는 과정에 해당한다. 그러나 라캉은 자본주의적 욕망의 대안과 색다른 주체성 생산에 대해서는 침묵한다. 때문에 이 책은 스마트폰이라는 자본주의 문화에 대한 탁월한 분석이 아니라 새로운 대안과 주체성 생산을 목표로 하기 때문에 라캉주의적 방식을 채택하지는 않았다.

스마트폰은 피상적인 정신의 자기운동에 따라 수많은 영토와 상황, 인물을 횡단해 움직이는 것 같지만, 정작 자신이 만나는 사람들과의 관계망을 변화시키지 않기 때문에 자신의 마음을 움직이는 것은 결코 아니다. 수많은 생각들이 소비되고 향유되지만, 그것은 자신의 삶과 생각의 틀을 바꾸기 위한 것이 아니다. 예를 들어 스마트폰에서 나오는 정보들이나 소식들은 자신의 태도나 관계의 차원을 바꿀 수 없다. 그저 화려한 정보를 접하는 정신만이 신나게 움직일 수 있는 미로 속, 이상한 나라의 앨리스가 굴러 떨어진 토끼굴이 있을 뿐이다. 나는 기계화된 관념론의 등장을 살펴보기 위해서 변신술에 능한 독일 철학자 헤겔을 언급할까 한다. 그의 사변철학에서 독일관념론이 완성됐다고 평가되는데, 그것은 헤겔이 정신의 자기운동에 의해서 역사의 변화까지도 초래된다는 거대 서사를 관념론을 통해 만들어냈기 때문이다. 스마트폰 정보주의의 기계화된 관념론 문제로부터 벗어나기 위해 '헤겔의 관념론을 어떤 방식으로 비판해야 하는가'에서 해결의 열쇠를 찾아볼까 한다.

정보주의와 헤겔, 기계화된 관념론

스마트폰의 이미지, 영상, 코드 등의 정보가 가진 흡인력은 대단해서, 사람들은 손안의 컴퓨터 속에서 미끄러지듯 피상적인 생각을 움직이기 바쁘다. 자신의 몸이 움직이지 않아도 많은 정보가 오가는 것을 보는 것만으로 마치 자신이 이미 많은 것을 안다는 착각에 빠지기도 한다. 그러한 정보주의는 생활연관을 벗어난 많은 정보들이 내 손아귀에 있으며 언제든지 호출할 수 있다는 생각을 갖게 하기 때문이다. 이를 '기계화된 관념론'이라 불러도 이상하지 않을 것이다. 스마트폰이 관념의 운동을 만들어내는 기계이기 때문이다.

그렇다면 독일관념론을 완성했다는 철학자 헤겔의 사상과 스마트폰을 연결한다면 어떨까? 물론 헤겔에 있어서 기계장치에서 서식하는 관념의 양상은 존재하지 않았다. 단지 추상적인 관념의 자기운동만이 근대이성의 완성에 있어서 핵심이었을 뿐이다. 그럼에도 불구하고 오늘날의 정보주의는 헤겔의 관념론 같은 정신의 양상을 내부에 갖고 있다. 직접 체험하고 관계하지 않고 정서, 욕망, 무의식의 흐름에 따르지 않더라도 추상적인 형태의 인터넷상에 남은 코드의 흔적을 따라 그것을 정보와 지식으로 인지하면서 관념이 움직인다고 생각되기 때문이다. 스마트폰을 매개로 한 정보의 구축물 속에서 앎과 지식을 향유하는 사람들은 다채로운 현실의 흐름과 움직임이 더 선차적이라는 점에 대해서는 간과하기 일쑤다. 이처럼 정보주의는 자신이 느낀 만큼 알고 감성적으로 실천한 만큼 아는 것이 아니라, 정보를 취득하는 기계적 피드백에 의존해서 알 수 있다고 생각한다. 그 외에도 기계화된 관념론이라 생각될 여지는 많다. 태블릿 PC를 사용하는 한 친구는 고급문화 향유자 같은 태도를 취하면서, 관계 속에서 욕망과 무의식, 정서의 흐름을 발생시키려 하지 않으면서도 수많은 정보를 통해 자신이 많은 것을 알고 있다고 생각했다. 나는 어떻게 나 자신의 신체와 관계, 마음이 변화하지 않으면서도 안다는 것이 성립될 수 있는지에 대해서 의문을 가졌는데, 그 친구의 태도가 최근 스마트폰 열풍 속에서 많은 사람들의 삶의 스타일 중 하나라는 것을 발견했다.

물론 헤겔도 살아 움직이는 생명과 같은 사유의 가능성에 대해서 주목했다. 그래서 관념이 움직이기 위한 방법론으로서 변증법dialectic을 창안했다. 이 '변증법'이라는 방식의 문제점은, 관념이 현실과 무관하게 생명처럼 움직인다고 생각하는 정보주의 문제뿐만 아니라, 아무리 파편적이고 개별적인 생각이라도 보편적인 생각으로 통합되어 버린다는 점이다. 루카치 같은 마르크스주의자들은 헤겔의 변증법 방법론을 빌려다가 근대자본주의하에서 특수한 프롤레타리아트가 보편적인 계급이 되는 과정이 역사의 발전 과정이라고 생각했을 정도다. 또한 루카치는 사물화에 대해서 경고하는데, 이는 자동화, 합리화와 동의어로서 당시 공산주의의 관료화에 대한 비판이기도 했다.

여기서 루카치가 당대 공산당 관료로부터 배제되었던 이유를 짐작할 수 있다. 정보주의 속에서 작동하는 헤겔의 변증법은 특이하고 개체화된 우리 삶의 세계와 생명, 생태, 생활이라 할지라도 정보로 코드화된다면 보편적인 것으로 포획될 수밖에 없다는 국가주의적인 환상으로 나타난다.

　최근 지배를 공고히 하려는 세련되고 기계화된 관념론자들의 논리는 유전자 코드, 전자적 코드, 사회적 코드를 통해서 정보화를 하게 되면 아무리 특이한 것이라도 보편자에 의해 식별될 것이며, 전체로 통일될 것이라는 생각으로 나아갔다. 그러나 우리가 사는 생활, 생명, 생태는 어떤 코드에 의해서 보편화되는 것이 아니라 보편화될 수 없는 아주 특이한 상황, 맥락, 흐름, 관계 속에서 존재한다. 특이한 것은 보편으로 통합되는 개별적인 것과 달리 코드화될 수 없는 나머지다. 예를 들어 산 정상에 깃발을 꽂고 그것을 코드화한다 할지라도 이 산의 깃발과 다른 산의 깃발 사이에는 코드의 여백이 있게 되고 코드를 통해서 통합할 수 없는 영역이 존재한다. 코드화된 질서에서 잉여가치를 추출하려는 목적을 가진 오늘날의 자본주의사회는 특이한 것에 대해 배제할 것인가 통합할 것인가를 차별적으로 식별하며 여기서 발생하는 잉여분을 추출해낸다.

정보주의에 기반을 둔 사유는 매우 효과적이라는 평가를 받으며 현존 자본주의질서를 옹호하는 가장 강력한 수단이 되었다. 결국 정보주의에 따라 모든 것이 코드화되면 모든 것이 보편적인 것에 통합될 수 있다는 통치와 지배의 범주 내로 인입될 것이다. 예를 들어 나는 최근 유행처럼 방송되는 서바이벌 음악 프로그램을 보면서, 차이 나는 음악들을 동일한 기준으로 평가할 수 있는가에 대해서 의문을 가졌다. 가장 독특한 것이라도 결국 평가될 수 있고 어떤 등급이나 위계로 코드화될 수 있다는 식으로 서바이벌 프로그램이 진행되지만, 차이 나는 장르와 독특한 음악적인 요소들이 평가되고 차별화될 수 있는 등급을 가진다는 것이 너무 억지스러운 감이 있지 않나 생각된다. 그러나 정보주의는 이보다 더 나아간 감이 있다. 정보주의는 모든 것이 정보에 의해서 코드화되어 보편적인 평가척도를 가질 것이라 보기 때문이다. 코드화의 질서는 초코드화를 통해서 신, 국가, 아버지의 명령을 수행할 수 있도록 코드를 식별해내고 차별적으로 배제하거나 통합한다. 반면 코드화로부터 벗어나고자 하는 특이한 움직임을 탈코드화라고 한다. 정보주의는 코드화 방식 이외에 탈코드화하는 모든 생명, 생활, 생태의 특이한 존재들의 문제에 대해서는 침묵한다.

이러한 정보주의적인 사유방식은 결국 헤겔주의가 가

진 개별적인 것이 특수를 매개로 보편적인 것으로 이행하는 변증법적 운동을 작동시킨다. 아무리 차이 나고 독특한 개별적인 것도 정보 코드를 기입하면 초코드의 위계질서 내부에서 비교 가능하고, 식별 가능하며, 계산 가능한 것으로 바뀐다. 물론 이런 방식은 우리에게 익숙한 것이다. 예를 들어 축구를 잘하는 아이, 음악을 잘하는 아이, 놀이를 잘하는 아이가 있을 때 기존에는 성적이라는 코드로 서열화했다면, 오늘날에는 각각 장르별로 묶어서 평가 기준을 달리 갖게 되었다. 그래서 각각의 종류별로 보편적인 것에 종속된 특수한 기준을 설정한다. 물론 전체로 보았을 때 성공하고 승리한 사람들이라는 보편적인 이미지가 있고, 경쟁과 비교, 위계라는 서열이 각각에 존재한다. 정보주의는 가장 기초적인 식별 코드를 부여하는 과정이며, 결국 각각의 종류마다 보편적인 것에 종속된 특수한 기준들을 제시한다. 그것은 정보 코드화가 오늘날 아버지 질서인 상징계로의 진입 캠프라는 것을 보여준다.

정보화된 디지털 코드는 헤겔의 관념이 자기운동하는 보편-특수-개별의 변증법을 놓지 않기 위한 필사의 노력과 같다. 이러한 변증법은 자본주의를 옹호하는 가장 지배적인 질서이자 가장 널리 퍼진 지배적인 고정관념을 옹호하기 위한 수단이라 할 수 있다. 물론 이러한 색다른 지배의 가능성을 정보화된 디지털 코드가 대신해준다는 것은 매력적이다. 사람들은 이제 스마트폰을 통해서 이미 그렇고 그런 상태인 지배적이고 보편적인 질서와 고정관념을 벗어나지 않는 범위에서 자신의 생각만을 미끄러지게 하고 움직이면서 선별적으로 개별화된 것을 향유할 뿐이다. 이러한 문화향유의 방식이 가장 반동적인 것은 분명하다. 문화적인 것을 소비하면서도 자본주의를 살아가는 삶은 뻔하고 그렇고 그런 것이며, 주체성이 생산되어 대안을 만들 획기적인 순간은 결코 오지 않을 것이라 단념하고 있기 때문이다.

피에르 레비의 『집단지성』에서는 미디어와 인터넷을 두고, 미디어가 '몰적'이라면 인터넷은 '분자적'이라고 비교한다. 이러한 레비의 생각에 따르면 가장 고정관념적이고 동일한 것을 반복하는 것이 미디어였고, 네트워크는 차이나는 반복과 창조와 생성의 매체였다. 즉, 기계학적 기계가 기존 미디어라면, 기계론적 기계는 인터넷이었다. 레비의 생각은 인터넷에 대한 잠재력을 아주 높게 평가하면서 기계학적 기계로부터 인터넷이 자유로울 것이라 희망한다. 그러나 스마트폰의 경우에서 나타나는 기계화된 관념론과 정보주의의 모습은 반복강박을 보편화하는 지배적인 기계로 스마트폰이 돌변할 수 있다는 점을 드러낸다.

헤겔처럼 현실이 보편적인 것으로 정립된다는 것은 그시대의 고정관념에 따라 특이한 것이 없고 뻔하고 그렇고 그런 현실이 되는 것이다. 여기서 일종의 지겨운 일상과 비루한 이웃과의 관계 같은 스테레오타입화된 질서가 등장한다. 그것은 반복강박으로 이루어진 기계학적 기계를 의미하며 예속된 삶의 방식을 뜻한다. 기계학적 기계는 특이함과 차이가 만들어질 가능성을 배제한다. 정보주의는 정보 코드에 의해서 보편적인 것이 추출될 것이라고 생각하며 이에 입각해서 앎과 지식이 발생한다고 생각하는 망상의 구조물을 만들어낸다. 이러한 방식의 정보주의는 유한하고 국지적이며 가까운 삶의 내재적인 영역에서 관계를 통해서만 생성될 수 있는 생태적 지혜의 풍부한 가능성 즉, 보편으로 추출되지 않는 특이한 삶이 만들어내는 색다른 가능성에 대해서 무시하는 것이다.

레비같이 미디어만을 기계학적 기계라는 도식으로 생각하는 경우는 스마트폰 같은 기계장치에 담긴 인터넷조차 정보주의에 입각해 반복강박으로 향할 수 있다는 점을 간과한다. 그러나 우리 손안의 기계는 기계학적일 수도 기계론적일 수도 있는 이중적인 의미를 가진 경우가 대부분이다. 그래서 기계는 배치에 따라 다른 경로와 사용법, 피드백을 가진다. 그렇다면 과연 정보주의라는 보편화로의 운동을 넘어서서 어떤 사유가 가능할까? 생활연관과 관계망 속에서, 사람들 사이에서 공통의 생태적 지혜를 만들고 유통시키는 것을 생각해볼 수 있다. 이 공통의 지혜는 특이한 생각에 의해서 풍부해지고, 특이한 생각을 독려할 것이다. 또한 정보 코드 외부에 특이한 것이 존재하며, 정보에 의해서 보편적으로 분류되거나 식별되거나 비교될 수 없는 것이 존재할 것이다. 그리고 그것을 앞서 공동체에서 유통되는 '생태적 지혜'라고 규정했다.

들뢰즈의 『차이와 반복』은 헤겔의 변증법이 간과한 차이와 특이성이 보여주는 모습과 독특한 사유형태의 궤적을 그려낸 저작이라 할 수 있다. 사실 이 책이 바로 '기계론적 기계'라는 개념을 만들어내고, 더 나아가 생태적 지혜에 입각한 기계를 꿈꾸어볼 수 있는 전거가 된 작품이다. 스마트폰을 열심히 들여다보면서 정보주의와 기계적 관념론에 따라 정신만을 움직이며 꼼짝하지 않고 사랑하거나 욕망하지 않는 것은, '식별되어 보편화될 수 있는 정보 코드의 야심'에 복속되는 길이다. 그것은 반복강박이라는 기계학적 기계가 지배하는 국가, 자본, 상품, 화폐 같은 지배질서의 고정관념에 따라 생활, 생태, 생명의 영역이 장악될 수 있다는 착각을 불러일으키는 향유의 미끄러짐이며 일종의 환시와 환각이다. 그러나 아주 고급스럽게 기계장치로 바뀌었지만 반복강박과 고정관념을 보편화하는 기계화된 관념론의 방식 이외에도 색다른 기계에 대한 사유형태가 존재해왔다. 그것이 바로 헤겔을 넘어선 마르크스의 실천적인 유물론이다.

스마트폰의 기계화된 관념론에 따라 문화적으로 향유하는 사람들의 특징은 다름 아닌 관조이다. 마르크스의 『루트비히 포이어바흐와 독일 고전철학의 종말』(2008, 이론과 실천)을 읽어본 사람들은 관조의 유물론자 포이어바흐와 관념론자 헤겔이 이란성쌍둥이 같으며, 이 두 철학이 공유하는 관조의 방식을 뛰어넘을 방법으로 '감성적 실천'이라는 개념이 제시되었다는 것을 발견한다. 감성적 실천은 자신이 감성적으로 느끼는 것에서 실천의 의미를 두는 것으로, 관념 속에 움직이는 모든 것에 대해서 의심하는 태도를 의미한다. 여기서는 스마트폰의 정보주의처럼 관념의 자기운동을 통해서 정확히 알았다는 것이 중요한 것이 아니라 얼마나 감성적으로 느끼고 변형하는 실천을 했느냐가 중요하다. 마르크스가 포이어바흐 테제에서 가졌던 감성적 실천의 테제는 기계화된 관념론이 가진 태도를 넘어설 단서를 지닌 셈이다.

2000년대 초반 노동현장에서 일제히 벌어진 새로운 양상은 모든 작업환경을 과학화하고 매뉴얼화하는 것이었다. 이에 따라 모든 작업공정에서 일어난 일이 기록되고 정보화되고 코드화되었다. 노동자들은 처음에는 그것이 어떤 방식으로 사용될지 몰랐고, 아주 불편한 작업절차

중 일부로 생각했다. 그러나 이 데이터들은 작업장을 효율화하고 구조조정을 할 때 중요한 소재가 되었으며, 노동자들이 감성적으로 느끼고 실천한 것을 정보로 응집시켜서 노동자 없이도 그것이 저절로 작동할 수 있게 하는 수단이 되었다. 이러한 정보주의는 노동운동이 가진 숙련성을 잠식하고 숙련노동자들을 제거하는 가장 중요한 매개체였다. 사실 기계라는 것도 노동자들이 가진 암묵지 형태의 노하우나 비물질적인 요소들이 응집되어 나타난 것이라 할 수 있다. 그 이후 정보화 열풍이 한국사회에 불고부터 완전히 전도된 현실이 나타났다. 정보를 기반으로 한 기계화된 관념론이 감성적인 실천이나 노동보다 앞선다는 생각이 자리를 잡은 것이다. 이후 노동의 종말과 그림자노동, 그리고 노동의 잉여화가 이루어졌고 정보주의는 완전히 세상을 장악했다.

스마트폰 같은 기계장치가 발전된 현재의 상황에서 "기계를 매개로 하지 않는 감성적 실천이라는 것이 과연 가능한가?"라는 의문을 가진 사람들이 많다. 이 책에서는 기계를 매개했느냐 또는 하지 않았느냐의 문제가 핵심이 아니다. 문제는 정보와 노동의 전도가 이루어진 상황이 연출되면서 사람들 사이에서 감성적 실천의 문제를 완전히 망각한 생활형태가 자리 잡기 시작했다는 것이다. 한편으로는 인터넷이 소통을 촉진하고 관계를 발전시켜 참여군중을 만든다는 찬사도 있지만, 다른 한편으로 정보주의가 더 수동적이고 실천하지 않는 관조적인 대중을 만들 수도 있다. 기술문명이나 기계 자체가 문제라는 방식의 근본생태주의자들의 생각과 달리, 나는 기술이나 기계를 거부하는 것에 머물지 않고 기계의 이중성에 더 주목한다. 그래서 단순히 러다이트처럼 기계파괴자들로 머무는 것이 아니라 열리고 생산적이며 실천적인 기계를 만들어보자는 구상으로 나아가는 것이다.

탈근대자본주의는 감성적인 영역에 더 주목하면서 자본주의의 철의 법칙인 교환과 착취를 위한 근본적인 고정관념을 유지하면서도 여기에 감정노동의 요소를 집어넣어 더 부드럽게 만들어보려고 시도했다. 정보주의는 편편하고 균질화하는 속성을 가지고 있으며 욕망과 정서가 중화되고 살균되도록 만든다. 그러나 자본주의는 이러한 정보주의에 감성적인 요소를 집어넣어 더 분자적인 것이 되기를 바라며 삶의 세밀한 영역까지 침투하기를 원한다. 그러나 이런 시도들은 마르크스의 '감성적 실천'이 말하는 욕망과 정동의 영역과는 다른 궤도를 그린다. 감성적 실천은 전혀 색다른 감성을 만드는 창조와 생성의 실천을 의미한다. 똑같은 것으로 결정되며 시작하기 전에 끝을 이미 아는 행동방식과는 완전히 다른 것이다. 자본주의는 마르크스의 감성적 실천을 모방하고 차별화 전략을 통해 시장에서 자신을 아주 생동감 있는 것처럼 보이기 위해 노력하고 있다. 스마트폰을 기반으로 한 정보주의는 신선하고 재미있는 정보로 가득 차 있지만 사실은 늘 똑같은 기계화된 관념론 내에서 머문다는 비판으로부터 자유로울 수 없다. 그래서 닫히고 코드화되고 폐쇄된 기계인데도 불구하고 마치 풍부한 감성과 새로운 것이 있는 것처럼 보이기 위해서 대량의 정보를 가공하고 화려하게 만드는 것이다.

여기서 말하는 정보주의에 대한 비판은 21세기가 시작될 때 컴퓨터와 인터넷의 가능성을 찬양한 많은 사상가들과 궤적을 달리하는 것처럼 보일 것이다. 그때 인터넷은 열리고 생산적이며 간間공동체적인 창조의 도구로 보였다. 이러한 기계의 가능성이 있다는 점에 대해서 나 역시 부정하지 않는다. 그러나 기계의 이중성에 대해 간과해 한 면만을 강조하고 돋보이게 한 점은 지적할 수밖에 없다. 당시 인터넷 가상현실의 가능성에 대해서 주목한 사람은 마셜 맥루한 같은 인물들이며, 특히 그는 『구텐베르크 은하계』(2001, 커뮤니케이션북스)에서 인터넷이 새로운 미디어이자 첨단문명을 이끌 수단이라고 서술했다. 또한 당시 들뢰즈의 잠재성virtuality 논의도 상당한 영향력을 발휘했는데, 그의 잠재성이라는 개념은 가상성의 의미도 담고 있었기에 가상현실을 사고하던 사람들에게 그것이 가진 풍부한 능력과 의미에 대해서 생각하게 만들었다. 그러나 인터넷과 관련된 논쟁에서 특이한 점은 현실에서의 감성적 실천이 가진 풍부한 능력과 창조적인 가능성에 주목한 것이 아니라, 가상현실 자체가 실천 없이도 마치 이미 풍부한 능력과 창조성을 보장해준다는 식으로 나타났다는 점이다. 이를 보증해주는 것이 정보주의였다. 정보주의는 한 사람이 살아가는 현실이 가진 유한하며 국지적이고 생활연관적인 영역에서 출발하는 것이 아니라, 낯선 가상현실을 방황하며 조우하고 횡단하면서 만들어내는 것에서 출발할 것을 주문했다.

정보주의는 실천을 통해 감성적으로 느끼지 않더라도 정보와 지식이 자유롭게 전유될 수 있다는 환상을 심어준다. 앞서 얘기한 노동이라는 주체가 정보로 전도된 상황이 이런 정보주의를 강화할 수 있는 가장 중요한 이유였을지도 모른다. 정보주의가 장악하면서 마르크스의 '포이어바흐 테제'에서의 감성적 실천이라는 개념은 노동의 종말처럼 영영 끝나버린 개념처럼 여겨져왔다. 그러나 감성적 실천이 오히려 삶의 풍부한 잠재성이 전개되는 것이라는 사실에 주목해봐야 할 것이다. 생활과 실천의 현장에서 느끼는 많은 감성적인 요소들과 노하우들은 정보로 기록되어 모두 코드화될 수 있는 성격의 것이 아니다. 그 이유는 생활과 실천의 현장에서의 욕망, 정서, 무의식의 흐름이 어떤 고정된 기표에 의해서 'A는 A다'라고 표현될 수 있는 것이 아니라, 'A일 수도 B일 수도' 있는 것으로 나타나기 때문이다. 물론 이것은 상대주의를 의미하는 것만은 아니다. 고정되지 않은 감성적인 흐름이 교차하는 집단 또는 개인 간의 관계에서 일정하고 반복적인 패턴이 나타나 기술적 노하우나 생태적 지혜로 드러난다는 점을 말하는 것이다. 흐름이면서도 고도로 조직된 기호작용인 도표diagram가 등장하는 이유는 바로 이 때문이다. 도표는 이것일 수도 저것일 수도 있는 기호로 작동되며 생활공간이나 공동체 관계망에서 작동하는 기호작용이다. 마르크스의 감성적 실천이라는 개념에서 '감성'이라는 단어는 이러한 비표상적인 흐름이 실존한다는 사실을 의미한다. 결국 흐름의 영역이 실존한다는 것은 "우리가 모든 것을 알 수 없으며, 모르는 부분이 더 많다"라는 것을 인정하게 만드는 칸트가 가진 겸양 같은 것과 접속하는 것을 의미한다. 동시에 주체와 대상의 구분과 근대적인 주체의 신화 이전에 욕망, 정동, 감성의 흐름이 있다는 것을 의미하는 것이다.

마르크스는 "이제까지 철학자들은 세계를 이리저리 해석해왔을 뿐이다. 이제 중요한 것은 세계를 변혁하는 것이다"라고 「포이어바흐 11개의 테제」 중 마지막 테제에서 말했다. 해석은 비표상적인 정서, 욕망, 무의식의 흐름을 싸늘하게 정지시키고 의미와 표상의 체계로 만들어낸다. 해석은 기본적으로 관조의 태도를 가지지만 실천에 개입해서 정지시키고 활력을 없애는 효과도 지니고 있다. 예를 들어 어떤 축구선수가 공을 차다가 방송장비 앞에서 "저 참 잘하지요?"라고 얘기한다면 축구경기가 원활히 진행될 수 있을까? 철학은 표상적인 것으로 만들고 의미화하기 위해서 해석의 방법론을 수반한다. 스마트폰을 들여다보는 사람들 역시 해석의 시선, 관조의 시선으로부터 자유롭지 않다. 철학자들의 해석은 개념적으로 완결되게 세상을 재구성하기 때문에 해석이 곧 진리요 외부의 세계가 없다는 듯한 인상을 준다. 스마트폰 역시 마찬가지 해석효과를 보여주며 외부의 사멸을 초래한다.

마르크스가 세상을 변혁하는 것이 문제라고 말했을 때, 그것은 결국 세상을 바꾸기 위해서 세상에 뛰어들어 실천해야 한다는 것을 의미한다. 스마트폰을 통해서 삶의 현장 바깥에서 시시콜콜한 정보를 해석하며 이를 문화적인 향유라고 느끼는 사람들에게 세상을 바꾸는 일에 뛰어들라고 하는 것은 무슨 의미일까? 사실 세상을 변혁한다는 것이 거시적인 차원에서의 정치를 시작하자는 의미로도 느껴질 수 있지만, 자신이 접촉하는 삶의 모든 부분에서 미시정치를 작동하고 분자적인 혁명이 이루어져야 한다는 것일 수도 있다. 스마트폰에 빠져들어서 듣지 못했던 자신의 삶 주변에 있는 새소리, 물 흐르는 소리, 아이들 소리 등을 느끼면서 외부세상과 교감하고 관계를 맺는 것이 출발점이 될 수 있다. 또는 가족관계와 남녀관계에서 획기적인 변화를 초래할 부엌에서의 미시정치를 상상해볼 수도 있다. 가까우면서 대화하지 않았던 사람들과 일단 만나고 소통하고 교감하면서 공통의 삶이 공존하는 공동체를 만들어나가는 것도 세상을 바꾸는 실천일 수 있다. 스마트폰의 정보주의가 만든 세상에는 없는 '변화를 이끌 표현소재'들이 있다. 그것은 직접적인 접촉에서 이루어지는 표정, 몸짓, 색채, 음향, 냄새 등 비언어적 기호로 이루어진 삶의 향기와 화음이다.

스피노자의 신체변용(affection)과 스마트폰

스마트폰의 '정보주의'는 스피노자의 범신론이 아니라 이를 흉내 내려고 한 헤겔의 변신론에 따르는 기계장치라는 점을 여기서 먼저 밝히고자 한다. 스피노자의 범신론은 신, 즉 자연이라는 기본원리에 따라 신의 사랑이 모든 자연의 자기원인이라는 점을 말한다. 그러므로 자기보존의 욕구conatus인 자연스러운 욕망조차 신의 사랑의 원리와 같은 위상을 가진다. 불온한 욕망과 고귀한 신적 사랑을 같은 등급으로 보았다는 것으로도 범신론은 두 세기

동안 '빨갱이'보다 위험한 사상으로 간주되어 스피노자
주의자라는 낙인은 어떠한 처벌보다 강력한 것으로 사상
가들에게 인식되어왔다. 그래서 헤겔은 스피노자주의의
위험한 부분을 제거하고 그 스타일을 흉내 내어 범신론이
아니라 변신론으로 자신의 사상을 멋지게 꾸미기를 원했
던 것이다.

　정보주의의 관념의 자기운동은 헤겔의 변신론처럼 자
신의 신체가 변용되지 않고도 절대적인 지식에 도달할 수
있다는 생각에 기반을 둔다. 그런 방식의 생각은 오늘날
에 와서 결국 '정보'가 신체변용이나 감성적 실천 없이도
세상을 이해할 수 있도록 만든다고 보는 것으로 현현한
다. 스마트폰을 사용하는 많은 사람들은 관념의 자기운동
을 서핑이나 검색이라는 유쾌하고 신선한 과정으로 받아
들이고 그 속에서 넓은 세상과 접속할 수 있다는 환상을
가졌다. 내가 아는 어떤 목수는 목수가 되기 위해서 먼저
톱이 되고, 끌이 되고, 대패가 되는 과정이 필요하며, 무엇
보다도 목수 일을 사랑하고 나무를 사랑해야 한다고 역설
했다. 그래서 그는 단순히 소득이나 돈을 위해서 찾아온
제자는 받아들이지 않았다. 하지만 스마트폰에서의 정보
들은 그것을 정말 사랑하고 그러한 입장이나 상황, 사건,
인물이 되는 변용 과정을 거치지 않고도 알 수 있는 정보
들이 너무 많다. 그래서 정말로 그 정보를 통해서 사랑과

변용의 과정을 거치거나, 그러한 상황에 대해서 가슴 깊이 알지 못하면서도 마치 자신은 알고 있다는 착각에 빠져든다. 스마트폰의 위생적이고 고급스러운 인터페이스는 상황이나 삶의 현장에 빠져들 때의 어려움이나 혼란스러움, 곤혹스러움 같은 것이 전혀 없고 아주 단조롭고 규격화된 정보 코드로 이러한 것들을 나타내준다. 그래서 마치 미리 그것에 대해서 다 알고 있는 것처럼 그러한 상황을 받아들일 수 있도록 만들어준다. 그러나 실제로 해보면 완전히 다른 차원에 직면한다는 것쯤은 여기서 말하지 않아도 잘 알고 있을 것이다.

정보에서 표현된 코드화된 '함'의 수행적 코드와 정말로 '함'이라는 수행은 완전히 다른 것임에도 정보를 취득한 사람은 '나도 역시 했음직함'이라는 가상적인 상태에 빠져든다. 물론 이런 가상작용이 모두 잘못되었다는 것은 결코 아니다. 기계가 만들어내는 가상의 도식의 역할이 환상이나 상상이 가진 동일시나 비현실성과 달리 풍부한 실천적 계기가 되고 표현소재가 될 수 있다는 점은 부정할 수 없다. 이러한 기계가 만드는 가상성의 능력을 가타리는 『카오스모제』(2003, 동문선)에서 '도표적 가상'이라는 개념을 통해서 표현했다. 도표적 가상성이 가진 가장 강력한 의미는 인간과 비인간을 넘나드는 기계장치들 간의 연결이 안과 밖, 내부와 외부, 투입과 산출로 나뉘는 것이 아니라 마치 일체화된 기계설비같이 나타날 수 있는 가능성이다. 한때 인간과 기계 간의 도표적 가상현상에 주목해 이론가들은 사이보그cyborg 같은 개념을 만든 적이 있다. '도표적 가상'은 기계와 기계를 연결할 때 발생하는 가상의 작용이며, 정보주의의 기계화된 관념론의 반대개념이다. 왜냐하면 기계들 간의 가상적 연결방식은 열리고 색다른 변용의 가능성을 가진 데 반해 정보주의 속에서 관념의 자기운동은 정작 기계는 닫혀 있는 상태에 머문 채 생각의 이동만으로 움직이기 때문이다.

여기서 스피노자의 핵심 개념인 '변용'과 헤겔의 핵심 개념인 관념의 자기운동으로서 '변신'의 차이점을 밝혀야 할 것 같다. 스피노자의 변용은 신체가 부드럽게 변화해 상황, 인물, 사물이 되어가는 것을 의미한다. 예를 들어 신체의 손이 선의를 표현할 때 부드럽게 변화하고, 악의를 표현할 때 딱딱하게 변화하는 것을 생각해보면 좋을 것이다. 신체의 변용양태는 사실 관념의 속성으로 나타난다. 예를 들어 자동차 되기, 자전거 되기, 말 되기 같은 신체의 변용양태는 운전법, 경륜법, 승마법 같은 정신의 속성 변화로 나타난다. 스피노자는 이러한 변용으로 인해 공통관념이 형성될 수 있다고 생각했다. 이 공통관념이 앞서 말한 도표적 가상이나 생태적 지혜의 모티브인 것은 분명하다. 반면 헤겔의 관념의 자기운동은 신체변용의 과정 없이도 관념이 움직일 수 있다는 생각이다. 스마트폰의 정보주의는 이러한 변용 없는 변신, 횡단 없는 서핑의 미끄러짐으로 이루어진다. 물론 모든 기계와의 피드백이 정보주의의 덫에 빠져드는 것은 아니다. 코드화되고 닫힌 상태에서의 기계, 동일한 것이 반복되는 상태의 기계의 경우에 이러한 정보주의가 전면화된다. 삶을 살아가는 다채로운 현실과 관계망과의 접촉경계면을 갖지 못하고 표현소재나 실천의 수단이 아니라 기계의 질서에 갇힌 사람들의 경우 정보주의의 경향이 강화되어 나타난다.

정보주의가 자신의 신체를 변용하지 않고도 무한히 알 수 있다고 생각하는 것과 달리, 스피노자의 평행론은 정신의 자기운동 가능성이 신체와 별도로 이루어지지 않음을 명확히 보여준다. 그러한 점은 신체가 발 디딘 유한하고 국지적인 현실로부터 출발해서 외부와의 접촉이라는 관계가 시작되고, 그 관계망이 무한히 결합될 때 무한성으로 향할 수 있음을 말한다. 즉, 생각한다는 것만으로 무한한 것이 될 수 있는 것이 아니라는 말이다. 신체의 접촉경계면이 다변화하고 공동체의 관계망이 가진 접촉경계면이 복잡해져서 무한한 조합과 배치로 나타날 수 있을 때만 무한함으로 진입할 수 있다. 그래서 스피노자의 평행론은 철저히 신체변용을 따르지 않는 관념의 가능성에 대해서 배제하는 것이다. 이런 점에서 정보주의의 형태로 드러나는 헤겔의 변신론 같은 관념의 자기운동은 스마트폰이 가진 정보의 향유방법의 주된 형태라 할 수 있으며, 이는 신체변용을 따르지 않는 한 알고서도 안다고 할 수 없는 것에 불과한 것이다.

스피노자의 『에티카』(1990, 서광사)는 기하학적 방법론에 따라 서술되어 있어서, 그것을 읽는 사람들은 개념의 미로에 갇혀 헤매고 중간에 좌절하는 경우가 많다. 그러나 이러한 개념의 지도 그리기 같은 방법은 욕망과 무의식, 정동이 어떻게 작동하는가를 보여주기 위함이다. 스피노자의 별종적인 책『에티카』가 가진 자유로움과 해방감은 이루 말로 설명할 수 없다. 그러나 관념의 자기운동이나 주체의 신화 같은 근대의 현학적인 논증에 대해서 스피노자는 단호하게 선을 긋는다. 그래서 만약 그가 스마트폰의 정보주의같이 관념의 자기운동에 따르는 향유적인 태도를 만나면 단호하게 선을 긋고 그것에 타협하지 않을 것이라는 점은 분명하다. 정보가 알려주는 손쉬운 방법으로 앎에 도달하고 무한함에 진입할 수 있다는 것은 완전한 착각이며, 마르크스처럼 감성적 실천이나 스피노자처럼 신체변용을 따르지 않는 앎은 불가능한 것이다. 오늘날 현학적인 사람들이 보여주는 문화향유적인 정보주의의 모습이 사실은 오만한 과대망상 같은 것임을 알 수 있는 대목이다.

스피노자에 따르면, 세계는 철저히 자기원인에 의해서 움직이며 자기원인에 따라 내재성의 지평을 만들어낸다. 여기서 자기원인은 욕망의 원인이기도 하다. 정보주의도 욕망을 가지기는 하지만 욕망을 자기원인으로 하는 것이 아니라 과대망상이나 편집증 같은 방식을 통해서 세상을 점취하겠다는 의도를 갖고 있다. 이 글을 읽고 정보주의 같은 극단적인 기계화된 관념론에 따라 생각하는 사람이 몇 명이나 되겠냐며 반문하는 사람이 있을지 모르겠다. 그러나 현실의 풍부한 가능성과 잠재성으로부터 분리되고 고립된 개인들의 기계에 대한 사용과 태도에서 정보주의는 똬리를 튼다. 물론 정보주의를 따르지 않고 기계를 사용할 수 있는 가능성은 풍부하며 다채롭다. 이러한 기계에 대한 다른 사용의 풍부한 가능성에 대해서는 이 책의 후반부에 주로 서술하겠다. 여기서는 폐쇄된 채 관념만 끊임없이 움직이는 정보주의와는 완전히 다른 세계관을 보여준 스피노자에 대해서 쓰고 있다.

스마트폰을 기술인문학을 통해서 언급할 때 스피노자의 자기원인이라는 개념이 가장 주목되어야 할 부분인 것으로 보인다. 자신의 생활연관 속에서 출발하고 자신의 유한하고 국지적인 욕망으로부터 출발하며 변용을 통하지 않는 앎과 지식, 정보를 받아들이지 않는 평행론의 입장을 답답하다고 생각하는 사람도 있을 것이다. 이런 생각과 반대로 인터넷을 통해서 무한한 것을 알 수 있다는 착각에 빠지는 사람도 있을지 모른다. 그러나 공통관념이 발생되는 것이 변용을 거치지 않는다면 그 자체가 불가능하며, 정보를 통해서 쉽게 안다는 것에 대해서 의심하지 않으면 헤겔의 변신론과 똑같은 위상을 가진 기계적 관념론자들의 생각에 빠져든다. 이런 점에서 스피노자주의는 스마트폰의 정보와 신체 사이의 관계를 다루는 기초적인 방법론이라는 생각이 든다.

정보주의가 지배하는 세상의 외부는 있는가?

정보주의가 극단화되면 어떻게 될까? 자신이 안다고 생각하면서도 진정으로 알지 못하는 정보의 홍수 속에서 즉, 무지의 그림자 속에 사는 결과를 낳을 수도 있다. 피상적인 스크린 속에 접속해 습득한 정보를 통해서 알고 있다고 착각하면서도 사실 자신은 아무것도 모른다는 점을 깨닫는 순간이 올 수 있다. 정보주의에 빠져든 사람들은 다른 사람들의 시시콜콜한 일상과 가십거리들에 사로잡혀 진정 삶을 살아가는 데 필요한 지혜에 대해서는 간과하는 모습을 보인다. 정보주의는 외부현실과 접촉해 체득해야 하는 진정한 앎의 영역이 있다는 것을 느끼면서도 폐쇄적인 기계적 피드백에 빠져들어 수많은 정보의 홍수를 소비하는 잉여의 시간을 보낸다. 정보주의는 닫히고 코드화된 기계학적 기계의 상태에 빠진 사람들이 보여주는 현상이다. 왜냐하면 외부를 향해 열리지 않은 기계장치 속에서 실제 현실에서 신체의 욕망을 횡단시키는 것이 아니라 두뇌의 환상과 상상을 횡단하는 고립된 인간들의 유형이 나타나기 때문이다. 여기서 인간관계와 사회적 관계에서 두절되었으면서도 스마트폰을 통해서 세상과 접속하는 고립된 도시인을 상상해볼 수 있다. 이러한 극단적인 사례는 우리 사회 도처에 존재한다.

정보주의에 대한 나의 비판을 듣는 사람들 중에는 이런 의견을 경험주의적인 것이라고 역비판하는 사람들도 더러 있었다. 나는 경험의 중요성에 대해서 무시하지 않지만 경험을 넘어선 상상과 가상의 영역의 중요성도 간과하지 않는다. 내가 경험론자라는 말을 들으면서도 정보주의에 대해서 강력하게 비판하는 이유는 마르크스의 감성적 실천이나 스피노자의 변용의 개념처럼 현실에 뛰어들어 신체를 바꿀 정도의 세상의 재창조가 정보주의에는 존재하지 않기 때문이다. 또한 스마트폰에서 글을 읽고 정말로 강렬한 느낌에 사로잡혀 인생의 행로를 결정할 정도의 색다른 지혜를 찾았다는 사람들을 보기 어려운 것이 현실이다. 연예인들의 시시콜콜한 일상이나 다소 엉뚱한 사진, 요리비법 등이 시간을 때우기 위한 수단이 된다. 자신의 삶과 무관한 정보들을 계속 섭취하고 소비하면서 스스로가 잉여의 가상공간에 가두어지게 되는 결과를 낳는다.

스마트폰을 통해 접속한 세상은 온갖 구경거리와 오락거리로 가득하다. 그러나 이러한 구경거리 세상은 기 드보르Guy Debord가 『스펙타클의 사회』(1996, 현실문화연구)에서 지적했듯이 구경거리로까지 축적된 자본의 거대한 힘과 외양에 종속되는 것에 불과하다. 화려한 이미지와 영상을 제공하는 스마트폰의 볼거리들은, 자본이 더 거대해졌으며 자신은 거기에 대해서 별 볼 일 없는 기계부품 같은 상황이 되었다는 사실을 느끼게 만든다. 그러나 일단 삶의 차원으로 돌아왔을 때 사람들은 자신의 생활세계를 관조하거나 구경할 수 없으며, 늘 삶의 현장 안으로 뛰어들어 생각해야 한다. 스마트폰은 이러한 삶을 마치 낯선 것처럼 만들어버려서 구경거리로 전락시킨다. 이러한 구경거리를 제공하는 스마트폰에는 삶의 향기, 사색, 여백이 전혀 없으며, 온갖 쓰레기와 잉여로서 정보의 홍수가 기다린다. 들뢰즈에 의해서 하나의 세계와 마찬가지로 간주되었던 한 사람의 실존과 삶의 장은 기계와 정보를 만드는 오프라인 회로의 일부가 되어버렸다. 전도와 사물화 현상이 전면적인 것이 되어 자신의 정보를 노출하고 뽐내는 것이 마치 정보주의세계에서 자신의 존재를 확인하는 것처럼 되었다. 그러나 이와 달리 한 사람의 실존의 의미는 정보주의와는 완전히 다른 맥락을 가지며, 그것은 앞으로 더 심화시킬 주제이기도 하다.

사람들은 기계에 둘러싸이고 포위되어 기계 범람의 시대에 살고 있지만, 그것이 반드시 기계화된 관념론으로 향하는 것도 아니다. 기계와의 피드백을 열린 가능성 속에 배치하고, 기계와의 접속과 연결을 달리하면서 배치를 바꿀 가능성은 언제나 존재한다. 정보주의는 스마트폰 사용에 있어서 정보의 잉여 이미지를 무차별적으로 소비하는 상태를 의미하지만, 현실에서 살아가는 사람들이 꼭 그런 경향으로 빠져드는 것도 아니다. 그러나 나는 정보주의로 향할 가능성이 존재한다는 점에 대해 지적하기 위해서 극단적으로 수동적인 상태를 설정했다. 정보주의처럼 신체말살적인 상태, 중독상태에서만 꼭 기계에로 접근하는 것이 아니다. 기계에는 욕망이 서식하며 꿈이 서식하며 신체의 변용이 서식할 가능성도 존재한다.

들뢰즈와 가타리가 『앙띠 오이디푸스』에서 '욕망하는 기계'라는 개념을 사용한 것은 우연이 아니다. 욕망하는 기계는 '다형적 도착'처럼 미리 결정되어 있는 유기체적 기관을 따르지 않고 우발적이고 미결정적인 접촉의 다채로운 가능성을 가진다. 그것은 공동체적 관계망 속에서 기능, 직분, 역할을 따르지 않는 관계망의 가능성을 의미한다. 스마트폰의 정보주의가 가진 신체말살적인 설정과 달리, 욕망하는 기계는 신체의 다양한 변용 가능성을 응시하는 기계 개념이다. 그것은 정보와의 접속만이 아닌 공동체적 관계망 속에서의 접촉까지 확장된 가상적 신체를 응시한다. 이러한 기계의 새로운 차원에 대한 응시는 신체를 유기적인 상태가 아닌 '기관 없는 신체'라는 시원의 상태로 만들어, 강렬도=0이면서도 무한히 변용할 수 있도록 충만하고 풍부한 잠재력을 확장시킨다. 다시 말해 알卵 상태와 같은 무한변이의 신체적 지평을 상상해볼 수 있는 것이다. 이러한 창조적 가상의 상태는 앞서 언급한 도표적 가상이다. 나는 스마트폰과 정보주의의 고찰을 넘어 열리고 창조적인 가상을 일으키는 기계론적 기계의 가능성에 대해서 앞으로 더 살펴보려고 한다.

4장

당신은 과연 침묵하면서도 말할 수 있는가?

오스틴이 말하지 않은 화용론의 영역

우리가 스마트폰으로 메시지를 전달하면 그것은 행위에 상당할 정도의 힘을 가진다. J. L. 오스틴의 화용론은 말이나 글이 행위처럼 수행적인 능력을 가진 것에 대해서 설명한다. 예를 들어 아무리 사이가 나빠진 사람이라 하더라도 "너에게 감사한다"라는 말 한마디가 마음을 녹이고, 아무리 가까운 사람이라도 "너를 믿을 수 없다"라는 말에 오해가 깊어진다. 오스틴은 약속, 선언, 판정 등의 발화가 행위에 상당한다는 점에 대해서 착목했다. 그의 『말과 행위』(1992, 서광사)에 따르면 "결혼식에서 나는 (이 여자를) 아내로 맞이한다"라는 발화와 "나는 이 배를 퀸 엘리자베스호로 명명한다"라고 술병을 깨며 선언할 때의 발화, "나는 이 시계를 나의 형제에게 유증한다"라는 유언장에서의 발화, "나는 내일 비가 올 것에 6펜스를 건다"라는 발화 등이 행위에 상당하는 발화이며, 이를 수행적 발화performa-tive utterance라고 부를 것을 제안했다.

이러한 수행적 발화와는 달리, 발화수반행위illocutionary act는 발화 자체가 행위를 수반하게 만드는 것을 의미한다. 대표적인 발화수반행위는 명령어인데, 이는 명령에 따라 행동하게 만드는 효과를 가진다. 예를 들어 "차렷"이라는 명령어는 신체가 딱딱하게 굳어버리는 행위를 수반하므로 발화수반행위이다. 들뢰즈와 가타리는 『천 개의 고원』에서 수행적 발화 이전에 발화수반행위가 더 근본적이라는 점을 밝혔다. 즉 모든 언어는 명령어적 속성을 가지며, 말과 글은 직접적인 화법으로 말하든 간접적인 화법으로 말하든 보이지 않는 명령어의 속성을 담는다고 보았다. 여기서 나는 오스틴의 화용론을 극단화해 말이 행위를 대신할 수 있다고 생각하는 경우를 비판하려고 한다. 프랑크푸르트학파의 막내, 위르겐 하버마스 같은 사상가들이 언어학적 전회를 통해서 『의사소통행위이론』(2006, 나남)에서 행위에 상당하는 의사소통에 대해 착목한 것은 이상한 일이 아니다. 그러나 의사소통이 직접적으로 정서, 감정, 느낌을 전달하지 않는 스마트폰의 상황에서는 행위에 상당할 수 있을까? 혹시 행위를 대신할 만큼 힘을 가질 수 없으며 그저 잉여나 잔여 코드에 불과한 것은 아닐까?

오스틴의 화용론이 성립되기 위해서는 말과 글이 행위에 상당하는 효력을 발휘할 수 있도록 '배치'가 조성되어야 한다. 예를 들어 대학수업에서 어떤 학생이 선생을 가르치면서 교단 아래에서 강의를 할 수는 없다. 또한 어떤 아이들이 길을 가다가 어른에게 "착하게 살아야 한다"라고 훈계하는 경우는 거의 없다고 생각된다. 이처럼 사회적이고 집단적인 배치에 따라 수행적 발화나 발화수반행위가 성립될 수 있다. 그러나 스마트폰이 가진 기계적인 배치는 사회적이고 집단적인 배치에 따라 작동하는 말과 글의 화용론과 다른 궤도를 그려낸다. 예를 들어 사회적이고 집단적인 배치에서는 피할 수 없는 관계가 있으며, 관계망을 바꾸기 위해서 노력과 실천이 요구된다. 관계 내부에서 배치에 대한 변형과 이행을 추구해야 하는 경우 엄청난 행동의 변화가 요구되는 것이다. 반면 스마트폰에서는 외부에서 관조하며 버릴 관계는 버리고 취할 관계는 취하는 등의 취사선택을 할 수 있으며 연락을 끊으면 그만이다. 이를테면 자신을 난처한 곤궁으로 몰아넣는 대화가 오가면 퇴장해버리고 전화를 안 받으면 그만이며 관계에 대한 노력이 거의 없다. 따라서 스마트폰은 사회적이고 집단적인 행위와 달리 배치를 재배치하려고 노력하거나 새로운 배치를 만들려고 노력하지 않아도 된다. 그런 의미에서 스마트폰에서 사용되는 말과 글의 화용론은 대면적 관계에서의 말과 글의 화용론과 매우 다른 맥락을 가질 수 있다.

앞서도 잠깐 언급했듯이 화용론이 성립하려면 말과 글 자체로서는 불가능하며, 말과 글이 함께 가지고 가는 사회적이고 집단적인 배치들이 있어야 한다. 예를 들어 상황, 정서, 감정, 무의식 등이 수반되어 움직이는 것이다. 결국 화용론은 사실상 무의식의 화용론을 수반한다고 할 수 있다. 그러나 전자적 직조기술의 발전은 이러한 대면적 관계가 가진 구성 요소들을 대부분 삭제한 채 순수한 말과 글의 상태만을 전달하게 만든다. 그렇게 되면 말과 글의 화용론이 가진 가장 순수한 상태의 텍스트만이 남아 무의식의 화용론까지를 전달할 수 없다. 예를 들어 우리가 "안녕하세요?"라고 말을 하면 고개를 끄덕이고 눈망울을 보며 친밀함을 표시하는 표정으로 그 사람을 응대하는 동작을 하는데, 스마트폰에서는 아주 상투적인 것과 의례적인 것이 되어버려서 그 관계맥락은 완전히 배제되고 정말로 친밀한 대화인지조차 의심한다. 이런 의미에서 오스틴의 화용론은 가타리가 언급한 무의식의 화용론의 맥락을 완전히 제거할 수 없으며, 그러한 순수한 상태의 기계적인 대화는 곧 화용론 자체가 성립될 수 없는 상태를 의미한다. 즉, 스마트폰에서의 말과 글로만 대화를 하려고 한다면 그것은 실패할 것이며, 스마트폰의 말과 글이 행위에 상당하는 언어가 될 수 있다는 의미는 행위를 대신할 수 있다는 의미가 아니라는 점을 주지해야 할 것이다.

인터넷이나 스마트폰에서의 언어는 소통을 위한 것이지만 무의식과 정서, 욕망이 거주하지 않는 매우 위생적인 화용론으로 이루어진다. 그래서 어떤 의미에서 말을 했는지에 대해서 추적하려고 하지만 잘 소통되지 않을 때가 많다. 사람이 서로 만나 말을 한다는 것은 정보전달이나 메시지 소통의 의미를 넘어서 그 사람의 세계 자체와 접촉해 신체가 변용되고 그러한 상대방의 세계와 나의 세계가 만나 교차하는 새로운 세계를 창조하는 과정이며 그것을 기대하는 것이라 할 수 있다. 이 과정에서 감정과 정서, 느낌이 오가며 무의식을 따라 새로운 곳을 탐험하는 여행을 떠나는 상태가 된다. 매우 합리적인 의사소통을 하는 사람이라면 미리 결론이 난 대화를 하고 그것의 뜻과 정보를 전달받는다고 생각할 수도 있다. 이런 경우는 말하는 검색엔진을 자신의 컴퓨터에 설치하는 것과 다를 바 없다. 그러나 사람과 사람의 만남과 대화는 단순한 정보전달과는 전혀 다른 목적을 가진다고 할 수 있다. 그것은 대화를 하는 사람이 진정으로 원하는 것은 자신이 사랑받고 있고 사랑하고 있다는 것을 확인하고자 하는 것일

지도 모른다는 점을 의미한다. 그러나 스마트폰에서의 대화는 이러한 가장 근본적인 요소를 제거하고 가장 투명하고 순수한 상태의 화용론만을 제시한다.

스마트폰의 대화에서 문제가 되는 것은 음악적 구성 요소를 가진 무의식의 화용론이 제거되었다는 점이다. 자본주의는 언어화된 고정관념을 통해서 모든 것을 편편하고 단조롭게 만들어버린다. 자본주의 상품은 여러 가지 다양한 소재를 대상으로 하지만 대부분 '이것은 내 것이다' 또는 '책상은 책상이다'라는 식의 고정된 틀과 고정관념에 의해서 유지된다. 그래서 다양한 변신을 시도해도 늘 그렇고 그런 상태의 상품으로 이루어진다. 자본주의는 자신의 등가교환이 성립되도록 단조롭고 편편하고 스테레오타입화된 고정관념을 언어질서에 부여했다. 그래서 언어에서 음악적인 요소를 제거하고 합리성을 부여했다. 스마트폰에서의 언어들이 보여주는 모습은 그러한 자본주의의 고정관념을 유지하는 언어체계의 속성을 따른다. 우리가 평범하게 주고받는 대화 과정에서 화용론과 함께 수반되는 무의식의 화용론 요소를 발견하게 되는데, 서로가 공명하고 화음을 같이 만들 뿐만 아니라 대화의 음색을 통해서 자신의 삶의 화음과 리듬으로 이루어진 서로 다른 질서와 세계, 영토를 드러내기 때문이라고도 볼 수 있다. 이것이야말로 이러한 음악적인 요소를 배제한 스마트폰에서의 말과 글이, 말하면서도 말하지 않는 것이 되어버리는 이유이기도 하다. 반면 삶의 리듬, 공동체의 화음, 관계 속에서 발생되는 감정의 박자들이 어우러지는 것이 바로 진정한 대화인 것이다.

소통 없는 네트워크, 교감 없는 대화법

피에르 레비의 하이퍼텍스트hyper-text 구상은 마치 노암 촘스키의 변형생성문법체계같이 하나의 뿌리에서 여러 개의 가지가 생성되고 뻗어나가는 과정을 복잡하게 그려낸다. 컴퓨터가 처음 개발되던 1980년대 초반 사람들은 하이퍼텍스트가 어떤 의미를 가졌는지 상상력을 발휘하기 시작했다. 그것은 프랙털fractal 같은 유형의 기계가 가능하다는 생각으로 나아갔다. 또한 사이버네틱스cybernetics라는 학문은 기계와 인간의 인터페이스가 생명현상이 가진 작동방식과 다를 수 있다는 점에 대해서 지적했다. 이러한 하이퍼텍스트와 사이버네틱스의 기술적 성과로 네트워크 이론이 등장했고, 이는 전자적으로 직조된 복잡한 그물망으로 이루어진 인터넷을 설명하는 핵심적인 근거를 제공했다. 사실 사이버네틱스는 소련사회주의에 의해서 격렬히 반대되었는데, 전형화되고 관료화된 인간상을 해체할 수 있었기에 연구금지 영역이 되었다. 반면 서방에서는 1980년대 프리드리히 하이에크 같은 연구자에 의해서 신자유주의가 사이버네틱스로 이루어진 정보체계를 기반으로 영구적으로 추진될 수 있을 것이라는 생각이 피력되었고, 그것이 오늘날 현실화되기에 이른다. 그것은 정보의 자동성에 따라 시장의 자동성을 구축할 수 있다는 생각이며 신자유주의 시스템의 모태가 된다.

네트워크는 반복강박적인 기계학적 기계와 달리 차이나는 반복으로 이루어진 기계론적 기계가 현존 기계 시스템 내에서 가능하다는 점을 잘 보여준다. 폐쇄되고 코드화된 기계작동 속에서 노예화되는 사람들의 모습이 아니라 자유롭게 열리고 개방되어 자신의 거주지를 벗어나 색다른 영역으로 여행하는 데 기계를 사용하는 사람들의 모습도 나타났기 때문이다. 앞서 나는 네트워크와 달리 스마트폰이 가진 극단적인 반복강박 요소에 대해 언급한 바 있다. 스마트폰의 인터페이스는 자유로운 말과 글의 입력과 참여를 가능케 하는 것이 아니라 구경꾼 같은 상태의 관조와 편집증적 검색을 유발한다는 점, 기계적 피드백이 열려 있지 않다는 점에서 반복강박적인 요소를 지적하고자 했다. 즉, 입력에는 부적절하지만 출력에서는 적절한 인터페이스의 불균형이 심각한 문제인 것이다. 기계에 접속하는 사람들은 마치 정신분열자들이 보여주는 모습처럼 주변 환경에 멍하게 반응하고 기계와 피드백하면서 자신의 거주지를 벗어나 탈영토화하며 다른 영토를 향해 튕겨져 나가버린다. 나는 기계가 가진 이런 색다른 효과에 대해서 부정하는 입장이 아니라, 그것이 최대한 열리고 개방된 기계론적 기계의 상태로 나아갈 수 있는지를 탐색하고자 한다.

다시 네트워크 문제로 돌아가서, 네트워크가 가진 수평적이고 유연한 조직방식은 자본주의의 경직된 기업이나 사회질서에 하나의 충격으로 다가왔던 것이 사실이다. 예를 들어 포스트포디즘post-Fordism을 주장하는 사람들은 네트워크 유형의 조직이 가진 시너지 효과에 대해서 주목하면서 기업문화의 변화나 기업조직의 재배치에도 활용될 가능성을 발견했다. 위계화를 통해서 관료적으로 조직된 기존 기업들은 노동자들이 역할, 직분, 기능에 따라 분화됨으로써 새로운 상황에 유연하고 능동적이고 창조적으로 대응할 수 없다는 점이 분명해졌다. 이에 기업들은 위계와 직분을 다 제거하고 수평적으로 재배치된 팀 단위의 전략회의나 재배치를 수행하면서 네트워크 효과를 도입하려 했다. 자본주의의 착취질서는 네트워크 효과가 바로 공동체 내에서 작동하는 정서, 무의식, 욕망의 흐름, 생태적 지혜에 기반을 둔 집단지성, 각각은 유한하지만 접속결합을 달리하면서 무한대로 결합될 수 있는 다채로운 관계망의 부분이자 일부에 다름 아니라는 점을 발견한 것이다. 이런 점에서 자본주의는 새로운 착취방식으로 들뢰즈와 가타리가 『앙띠 오이디푸스』에서 언급한 '코드의 잉여가치'에 대해서 주목한 것이었다.

여기서 네트워크 효과가 처음 발견된 때의 조직혁신에 대한 논의를 상기해야 할 것 같다. 대부분의 기업이나 조직의 혁신 담론은 기능과 역할, 직분에 따라 늘 똑같은 일을 해야 하는 반복강박 상태에서 벗어나 각기 다른 역할을 담당하던 사람들이 다채롭게 연결되어 시너지 효과를 발휘할 수 있다는 점에 주목했다. 이런 점에서 네트워크는 전혀 다른 영역에 있던 사람들을 서로 연결하고 접속시켜 또 다른 차이를 생산하는 이질생성의 매개체 역할을 담당했다. 문제는 인터넷 문화가 도입되면서 발흥한 네트워크 이론이 가진 '관계망을 혁신하고 이질생성 시킨다'는 메시지들이 스마트 세대 이후로 통속화되기 시작했다는 점이다. 즉, 네트워크의 혁신적 의미가 가전제품에 부착된 콘텐츠로 전락한 것이다. 네트워크상에서 특이한 목소리와 입장들이 배제되거나 주변으로 밀려나도록 포털 사이트나 미디어의 작동이 기계장치 전반에서 이루어지면서, 스마트폰으로 대표되는 스마트 세대에서는 세상을 낯설고 새롭게 재배치할 수 있었던 네트워크가 가전제품의 콘텐츠 같은 위상을 갖게 된 것이다. 이런 상황은 공동체 관계망이 가진 시너지 효과의 일부를 드러낸 네트워크가 가진 거주지를 벗어나 탈영토화하게 만드는 효과를 감쇄시켰다. 바로 이 부분에 스마트폰에 대한 반복강박의 요소에 대한 나의 비판이 위치한다.

네트워크가 출현하기 전, 들뢰즈와 가타리는 『천 개의 고원』에서 네트워크와 같은 위상을 가진 '그리고…… 그리고…… 그리고'로 연결접속되는 방식을 리좀rhizome이라고 말했다. 이 두 사람은 리좀을 묘사할 때 개밀이나 감자 같은 식물이 옆으로 성장하고 증식하는 과정을 그려낸다. 리좀은 수평적인 연결접속을 통해서 이질적인 것들이 연결되어 교감하고 새로운 생성을 하는 조직방식이다. 이는 수목구조라는 전통적인 조직화방식을 넘어선 것인데, 수목적인 것은 뿌리와 줄기, 가지로 이루어진 전통적인 조직화방식을 의미한다. 예를 들어 생태적 지혜의 경우 관계 맺기 속에서 생성된 공통된 아이디어나 지성이라는 의미에서 리좀적이라면, 아카데미의 보편타당한 진리는 세계를 반영해 주관과 객관이라는 이분법의 거울상을 가진 뿌리-줄기를 만든다는 점에서 수목적이다. 네트워크의 관계망에 대한 접속과 연결이 가전제품 유형의 소비 패턴과 문화향유에 포섭되었던 양상이 스마트폰의 확산 속에서 똑같이 벌어지고 있다는 점은 우려스럽고 안타까운 일이다. 그렇다면 왜 그러한 일이 벌어졌는가에 대해 우리는 생각하지 않을 수 없다.

앞서 언급한 네트워크상의 소통 과정에서 무의식의 화용론 요소가 존재하지 않는다는 점은 아무리 멀티미디어 multimedia를 통해서 이를 보완하려고 하더라도 잘 극복되지 않는 점이었다. 그나마 네트워크 내에서는 공동체가 가진 속성들이 남아 있어서 자본이 탐낸 네트워크 효과를 발휘할 수 있었다. 여기서 한 가지 짚고 넘어가야 할 점은, 나는 네트워크의 혁명적인 능력을 조금도 깎아내리고 싶은 생각이 없으며, 또한 그것이 공동체의 관계망이 가진 시너지 효과의 일부라고 생각한다는 것이다. 그러나 네트워크가 그런 능력을 발휘할 수 있었던 이유는, 단지 지식정보의 전자적인 코드화만이 아니라 네트워크를 통한 다양한 소통과 연결방식에 있다고 생각한다. 초창기에는 인터넷을 통한 접속이 매우 신선하고, 이질적이고, 특이한 사람들이 많고, 낯선 현실과의 접속이라는 이미지와 감수성을 갖고 있었다. 그리고 그런 색다른 구성 요소가 사람들의 배치와 태도를 바꾸는 이행과 변이, 횡단을 가능케 했다.

그러나 스마트폰이 도입되던 즈음에 대부분의 사람들이 네트워크를 마치 텔레비전같이 다루는 태도를 보이기 시작했다. 여기서 텔레비전은 반복강박이라는 동일성의 반복을 만드는 기계학적 기계의 대표적인 형상을 가진다. 반면 네트워크는 특이성과 차이를 생산함으로써 차이 나는 반복을 만들어내는 기계론적 기계의 형상으로 등장한다. 그런데 네트워크에 부착된 디바이스device 중 일부인 스마트폰이 오히려 네트워크의 기본 성질을 위협하게 되었던 것은, 더 이상 교감을 목적으로 한 소통이 아닌 아주 간단한 인스턴트메시지의 전달로 네트워크의 사용이 제한되는 현상과 긴밀한 관련을 가진다. 또한 네트워크의 다채롭고 복잡한 판과 구도가 포털사이트에 의해서 체계적으로 텔레비전 유형으로 배치되는 것도 그중 하나의 이유이기도 하다.

이런 점에서 스마트폰이라는 디바이스를 매개로 한 네트워크는 정보지식의 코드 기반을 활용해 문화향유와 소비생활에 사용하는 측면이 강화되었고, 정보지식의 코드 기반이 되는 정동, 욕망, 무의식의 흐름을 생산하고 지식과 정보를 집단적으로 생산하고 창조하던 방향성을 약화시켰다고 평가할 수 있다. 예를 들어 자본주의가 공동체의 시너지 효과에 대해서 탐을 내면서 추진하였던 새로운 착취방식으로서의 코드의 잉여가치에 주목한다 할지라도 결국 탈코드화된 욕망, 무의식, 정동의 흐름에 따라 교감하는 소통이 없다면 새로운 착취 영토는 존재하지 않는다. 이를테면 어떤 사람이 게임에 빠져 기계화된 피드백의 회로에 불과하다면 네트워크의 발전에 기여할 수 있는 측면이 극도로 낮아진다. 마찬가지로 네트워크 내에서 글이나 이미지, 영상을 남기는 시간보다 스마트폰을 들여다보며 관조하는 시간이 많아진다면 네트워크는 풍부해질 수 없다.

여기서 초기 인터넷에서 보이던 네트워크의 기계적 배치에서의 세계를 색다른 것으로 느끼던 교감 요소들이 대부분 파괴되어 가전제품식의 반응으로 나타난다. 또한 패거리처럼 구경거리를 찾아 움직이는 군중의 출현, 시시콜콜한 가십거리나 볼거리를 주로 노출하는 포털사이트 초기화면 등은 현재 스마트폰의 모습이다. 그러나 더 근본적으로 지적되어야 할 점은 네트워크의 흥망성쇠는 기본적으로 교감 연결망의 흥망성쇠와 아주 긴밀한 관련을 맺는다는 점이다. 스마트폰이 현실에서 감성적으로 느끼고 교감을 통해서 소통할 수 있는 시간을 뺏어버리고 도시에서 고립되어 사는 현대인의 욕망을 대리만족시키는 수단이 될 때, 결국 교감의 흐름으로 이루어진 네트워크라는 연결망도 약화된다. 그런 의미에서 인터넷이 소통 없이 볼거리로 전락한 현재 상황은 네트워크 효과를 약화시키며, 동시에 교감과 소통의 관계망인 현실에서 이루어지는 관계망들을 파괴하거나 잠식하게 될 것이라는 점을 지적하고자 한다. 나는 내가 사는 20층짜리 아파트에서도 대다수 사람들이 텔레비전과 스마트폰으로 자신의 고립, 외로움, 소외를 달래는 것은 아닌지 상상해보았다. 만남과 접속을 통해서 늘 자기 삶의 세계를 색다른 것으로 느낄 수 있을 만큼 교감하는 것이 없다면 우리 삶은 감옥, 병원, 군대에서의 생활 같은 반복강박을 맞이하게 될 것이다. 차이 나는 반복으로 이루어진 네트워크 같은 기계론적 기계의 혁명적인 작동 가능성에 대해서는 책의 후반부에서 본격적으로 다루어볼까 한다.

아바타, 발화자에 대한 이미지 흔적만이 존재하는 가상대화

스마트폰을 통해서 대화하고 소통하다 보면 원래 사람들이 가진 이미지들과 다른 가상–이미지가 아바타avatar처럼 만들어지는 것을 느낄 수 있다. 여기서 원형과 원본의 권위를 주장하는 플라톤의 『국가론』을 떠올리는 사람도 있을 법하다. 하지만 이것은 이데아 논의와는 완전히 다른 맥락을 형성하는 것이다. 플라톤이 생각한 이데아 세계역시 가상현실의 일종이지만, 원본과 원형으로서의 진짜만이 존재하는 가상현실이다. 반면 스마트폰이 가상–이미지로 나타낸 아바타는 원본과 원형의 이미지를 완전히 파괴한 상태에 있다. 그렇다고 그것이 장 보드리야르가 『시뮬라시옹』(2012, 민음사)에서 생각한 가짜와 허위의 상품세계를 의미하지도 않는다. 스마트폰의 가상대화에서 흔히 등장하는 아바타는 부두인형 모델의 재현이 아니다. 그것이 완전히 다른 성격의 지구에 존재하지 않는 가상인물을 만드는 것은 아니라 하더라도 그 가상-이미지가 색다른 의미연관을 생성한다는 측면을 간과할 수는 없다.

사람들은 스마트폰을 통해 가상적인 아바타를 매개로 하거나 과거에 만난 사람들의 기억의 흔적을 통해서 대화하는 데 익숙하다. 그러나 스마트폰을 매개로 한 소통방식인 인스턴트메시지나 문자메시지 등은 색채, 향기, 몸짓, 음색 등으로 이루어진 다질적이고 다극적인 소통을 만들어서 신체가 변용되는 것이 아니라, 소통하고자 하는 사람들이 자신의 위치나 배치를 바꾸지 않으면서도 의사소통에 성공할 수 있는 통속화된 방식이다. 그래서 어떤 사람이 문자메시지를 보내든, 그것의 의미는 각각의 사람에 따라 색다르고 새로운 의미로 다가오는 것이 아니라 기계적 회로처럼 이미 결정된 의미로 다가오는 경우도 있다. 만약 스마트폰 속 인물들이 과거에 다른 경험을 함께 했다면 과거 기억의 흔적에서 끄집어내서 응답할 뿐, 대화 자체가 미래를 구성하는 것은 아니다. 그래서 사람들이 미래에 대한 희망과 설계, 아이디어를 창발하는 관계로서 스마트폰을 매개로 한 소통을 채택하지 않는 이유는 그것이 구성적이라기보다는 소비적인 대화 유형을 특징으로 하기 때문이다.

스마트폰을 통한 대화는 관계의 지속이 가진 느림과 여백의 가능성이 사라진 상황이 던져주는 긴 기억 유형의 뉘앙스나 아우라를 갖지 못하고 기계를 매개로 한다는 점에서 아주 짧은 기억을 매순간마다 끄집어내는 대화를 반복하는 것으로 나타난다. 사람들과의 관계가 가진 과거-현재-미래로 지속되는 긴 시간 동안의 기억의 이미지는 파괴되며, 수많은 절단선과 분절선에 의해 재구성된 아주 짧은 기억 속에서 울고 웃고 기뻐한다. 스마트폰이라는 기계와의 상호작용 속에서 이루어지는 의사소통은 짧은 기억들이 마치 퍼즐 맞추기처럼 조각조각 이어지는 정신분열자의 통합인지장애현상과 같은 모습을 보이며, 지속적으로 이루어진 관계가 자연스럽게 나타날 수는 없다. 어떤 사람은 자주 만나지 않는 사람이라 할지라도 스마트폰의 인스턴트메시지나 문자메시지, 전화통화 등으로 관계의 끈이 계속 이어질 것이라 생각한다. 그러나 그러한 안이하고 편리한 생각과는 달리 스마트폰을 매개로 한 소통은 아주 짧은 기억들의 파편으로만 존재할 뿐 그것이 느림과 여백, 흐름으로 이루어진 긴 기억을 보장해줄 수는 없다.

스마트폰을 매개로 한 대화는 가상 이미지가 짧은 기억 속에서 끊임없이 생성되고 소비되는 과정으로 보아야 한다. 그렇기 때문에 긴 기억으로 구성된 역사적 기억과 같은 요소는 자리 잡기 힘들어진다. 하긴 누가 스마트폰의 대화를 거대 서사의 역사로 생각하겠는가? 아마도 그런 사람이 있다면 전화 한 통화로 평범한 사람들을 역사의 비밀에 연루시키는 브로커 같은 사람일지도 모른다. 기계의 상호작용에 기반을 둔 대화 속에서는 아주 짧은 기억들이 등장했다가 없어지는 것이 반복된다. 사람들은 굳이 가상의 아바타를 온라인 상품으로 사지 않았다 하더라도, 스마트폰을 쓸 때 누구나 이미 하나씩은 그것을 가진 셈이 된다. 그것이 자신이 가진 과거 기억의 흔적이든 색다른 가상 아바타의 화려하고 어여쁜 모습이든 짧은 기억이 환기되고 만들어지는 것이다. '긴 기억'과 '짧은 기억', '반기억 생성'이라는 삼차원을 보여준 것은 들뢰즈와 가타리가 쓴 『천 개의 고원』의 「리좀」 장이다. 여기서 기억은 의미화하는 권력에 지배받는다. 아이들의 유년기 감성 블록같이 기억의 파편 너머에 무의식, 정동, 욕망의 흐름이 만들어낸 사건이 다시 떠오르는 경우도 있지만, 대부분의 기억은 가장 지배적인 의미에 의해서 구성된다. 긴 기억은 자크 데리다가 『그라마톨로지』(2010, 민음사)에서 말한 음성 중심의 로고스주의가 말하는 원형적으로 의미화된 질서가 응고되고 지배하는 형상을 가진다. 흔히 관료들의 사무실에서 긴 기억의 역사가 펼쳐지는데, 전임과 후임들의 사진이 줄줄이 걸려 있고 그 역사의 무대에 자신도 일부라는 망상을 느끼게 되는 것도 그 사례이다. 기억을 남기는 의미화는 권력이다. 반면 짧은 기억은 연결접속에 따라 조각조각으로 만들어지는 의미의 파편이며, 데리다에게는 문자문명의 소서사를 의미한다. 짧은 기억은 해석학적인 자율성이나 문학생산에 있어서 핵심적인 기능을 하며, 스마트폰처럼 기계를 매개로 한 소통은 짧은 기억에 따라 움직이는 특징을 가진다.

현대 기계문명의 일반을 거부하고 긴 기억으로 이루어진 거대 서사로 돌아갈 수는 없을 것이다. 즉, 짧은 기억인 일회적이고 인스턴트 같은 기억들로 이루어진 기계와 인간의 교호작용을 피할 수 없는 것이다. 그러나 반기억 생성의 영역에 있는 민중의 삶의 내재적인 지평은 거대 서사라는 역사의 틀로는 이해될 수 없는 기억에 없던 것을 만들어내고 보이지 않으며 지각 불가능한 영역에 속한다. 공동체의 관계망이 만들어내는 생태적 지혜는 긴 기억으로는 드러나지 않는 짧은 기억처럼 나타나지만 실은 반기억 생성으로 구성된다. 만약 긴 기억이라고 이미지화할 수 있는 영역이 있다면 그것은 공동체의 욕망, 정동, 무의식의 흐름이 만든 미시적인 것의 궤적을 착시효과 속에서 본 것이다. 이를테면 전 세계에 있는 수많은 공동체는 수십 년 동안 유지되었지만 연대기적 사진도판에 등장하는 간부나 관료가 만들어낸 거대 서사가 아니라 이전까지는 기억에 없는 민중의 삶이 만들어낸 내재성의 지평의 궤적을 따른다. 그런 의미에서 스마트폰 같은 기계가 조성하는 짧은 기억은 긴 기억으로 역사적 기록으로 남지 않는다는 면에서 반기억 생성과 유사하지만, 관계를 소비하는 것인지 생산하는 것인지에 따라 반기억 생성과 차이를 가진다. 물론 스마트폰이 만들어내는 짧은 기억으로 구성된 소통방식은 분절적이고 불연속적인 특징을 가지지만 기억을 소비하는 입장에 있을 뿐 기억에 없던 관계망을 창조해내지는 못한다.

스마트폰의 문자메시지나 인스턴트메시지를 이용한 대화방식이나 전화통화가 가진 짧은 기억을 호출해서 소모하는 방식의 대화는 민중적 관계망에서의 반기억 생성과 어떤 차이를 가질까? 스마트폰이라는 기계에 남은 과거의 이미지 흔적을 따라 짧은 기억을 소비하는 것과 삶의 내재성에 기반을 두고 기억에 없던 것을 생성하는 것과는 근본적인 차이를 가진다. 나는 자살예방운동을 하는 한 시민단체에서 활동한 적이 있는데, 그때 전화를 통한 핫라인으로 자살예방이 어렵다는 점을 알게 되었다. 그 이유는 삶에 대한 직접적인 개입으로서 옆에서 그를 지켜주는 것 같은 효과를 가질 수 없기 때문이다. 자살위기에 처한 사람은 자신의 심리적인 것을 짓누르는 불안과 우울의 상태에 있는데, 전화라는 기계적 장치로는 삶의 배치를 바꿀 수 없다. 전화통화는 일시적인 안정감을 주며 약간의 위안을 줄 수 있을 뿐이다. 이처럼 관계 속에서의 반기억 생성은 배치와 관련되며, 관계 외부에서 기계를 매개해 만들어지는 짧은 기억은 배치와 무관하다.

그럼에도 불구하고, 스마트폰 같은 기계와의 인터페이스에 기반을 둔 소통이 우리 삶의 많은 부분을 대체하고 있다. 현실에서의 관계망이 가진 다채로운 잠재력이 가지를 뻗어나가고 새로운 방향성으로 나아갈 수 있는 가능성의 일부로 기계와의 교호작용도 함께 포함된다. 그러나 기계와 기술 매개적인 관계망이 가진 편리성에도 불구하고 그것이 열리고 다채로운 방향으로 갈 것인지 아니면 폐쇄되고 코드화된 방향으로 갈 것인지는 미리 결정되어 있지 않다. 스마트폰이 과거 이미지를 가상의 아바타로 만들어 관계를 소비하는 도구로 삼을 때 자본주의를 유지시키고 시장을 떠받치는 고정관념을 재생산하는 기계작동으로 나아갈 가능성이 농후해진다. 반면 스마트폰이 보이지 않으며 지각 불가능한 거대한 민중적인 관계망 직조와 자기생산, 교감을 생산할 때는 완전히 다른 의미의 기계가 될 것이다.

5장

스마트 세대가 빠져든 기계적 약물중독현상

기계에 포위된 삶과 기계의 기관화

스마트폰은 손안에 쏙 들어올 만큼 작은 크기지만 마치 수많은 톱니바퀴와 나사, 전자부품 등으로 구성된 거대 기계구조물을 응집하고 압축해놓은 것 같은 효과를 가진 다. 예를 들어 비디오카메라, 녹음기, 사진기, 노트북 등을 한꺼번에 갖고 다닌다면 부피와 무게에 짓눌려버릴 것이 지만 사람들은 이제 손바닥만 한 스마트폰을 통해서 그러 한 기능을 모두 사용할 수 있다. 그리고 자신이 스마트폰 을 가지고 다닌다고 생각할 뿐, 거대한 장치 속에 들어가 있다고는 생각하지 않는다. 마르크스는 『정치경제학 비판 요강』에서 기계장치 속에서 의식적 관절과 같이 전락한 노동자의 삶을 예감했다. 그러면서도 기계가 사회적 노동과 일반지성의 산물이라는 점에 대해서도 주목했다. 기계는 예속성과 자율성, 둘 다를 가진 것이다. 우리 삶을 포위하는 기계장치는 실물적인 형태로 나타나지 않으며 매우 추상적이고 전자적인 관계망 자체로 드러난다. 스마트폰에서는 거대 구조의 기계장치가 겉으로 보이지 않고 간단해졌지만, 우리를 기계의 사용법을 몰라 곤란해하는 노인이나 기계에 빠져들어 주변 사람들에게 신경 쓰지 않는 아이처럼 만들 수 있다.

　스마트폰 같은 기계를 사용하는 사람들의 모습을 보면 대부분 고개를 숙이고 손가락을 움직이는데, 이는 사용자가 아주 다른 세상에 가 있는 것처럼 자신이 위치한 영토에서 낯선 곳으로 튕겨져 나가는 효과를 준다. 스마트폰 사용자는 정신분열증 환자들이 보이는 행동방식과 비슷한 유형의 '기계의 분열효과'를 보여준다. 스마트폰 사용자는 마치 자신이 속한 상황, 관계, 대화에서 동떨어져서 다른 세계에 속한 사람처럼 기계적 피드백 속에 빠져든다. 내가 '기계의 분열효과'를 처음 느낀 것은 후배들이 스마트폰을 사용하는 방식에 대해 동물행동학적 시선에서 관찰해보려고 시도했을 때였다. 스마트폰에 빠져든 후배들은 낯선 세계의 이방인 같은 행동방식을 보였으며, 무의식의 흐름을 만들어내며 식별 불가능한 지대(=탈기관화)로 향한다는 느낌이 들었다. 정신분열증 환자들이 자신의 심연에 있는 얽혀버린 실타래에 사로잡혀 맥락에 닿지 않는 엉뚱한 얘기를 하고 행동이 부자연스러워지는 것처럼, 스마트폰을 사용하는 사람들은 탈-맥락화된 발언을 하는 등의 행동 패턴을 보였다.

　기계는 도구와 달리 신체의 연장선에 있는 것이 아니라 신체로부터 단절되고 완전히 다른 작동방식을 내부에 갖고 있다. 그래서 신체와는 완전히 다른 작동방식을 가진 스마트폰을 사용할 때 분열자들 같은 유형의 색다른 세계에 빠져드는 경험을 하게 된다. 스마트폰을 도구로 사용하려는 생각을 가진 사람들도 많으며, 대부분 나이가 많은 사람들의 경우에 그러한 도구로 접근한다. 젊은 사람들이나 어린이의 경우에는 스마트폰을 완전히 다른 세상으로 자신을 초대하고 환대하는 장치로 인식한다. 그래서 텔레비전을 보는 사람이 주변 상황에 대한 측방경계 속에서 이미지와 영상, 음색 등의 흐름을 삶과 융합하고 결합하는 방식처럼 스마트폰을 사용하는 사람들도 주위 사태의 변화에 대해 측방경계로서 관심을 유지하며 대부분 기계와의 피드백에 신경을 몰두한다. 물론 텔레비전과 스마트폰은 비슷한 면도 갖지만 다른 면도 가진다. 텔레비전은 기계와의 피드백 자체를 선택할 수 없으며 늘 똑같은 방식으로 피드백하지만, 스마트폰의 경우에는 여러 가지 기계적 피드백을 스스로 선택할 수 있다. 그러므로 스마트폰은 멍키스패너나 자전거, 드라이버 같은 연장이나 도구가 아니지만, 그렇다고 채널 선택의 자유가 제한된 텔레비전도 아니다.

스마트폰 사용자들의 생각은 부지런히 움직이지만 주변 상황과 어울리지 않는 자신만의 세계에 빠져든 모습을 보인다. 마치 브레히트의 연극에서 소격효과alienation effect가 보여주는 낯선 인물과 낯선 상황의 등장처럼 사람들은 서로의 얼굴도 쳐다보지 않고 스마트폰만 바라보며 걷거나 지하철에서 이동한다. 스마트폰이 장악한 무의식 영역은 프로이트의 정신분석에서 사고되었던 가족생활 속에 자리 잡은 가족무의식이 결코 아니다. 그것은 가족생활을 넘어서 팔레스타인의 봉기, 티베트의 독립운동, 대통령 선거, 4대강 사업, 연예인들의 시시콜콜한 일상사, 삶과 죽음의 이야기 등 다양한 사회적이고 역사적인 상황을 소재로 가진다. 그러한 다양한 소재를 넘나들며 사람들은 무의식을 움직인다. 이러한 무의식은 가타리가 『기계적 무의식』에서 언급한 축구경기장에도, 부부의 침실에도, 기상징후에도 서식하는 기계적 무의식이라 볼 수 있다.

기계가 우리 삶과 결합되어 어떤 모습으로 삶을 바꿀 것인가의 논의 중에서 주목할 만한 저작은 다나 해러웨이의 『유인원, 사이보그 그리고 여자』(2002, 동문선)이다. 작가는 기계와 인간이 결합되는 것을 젠더의 혼성화와 잡종화로 보면서 기계-인간의 몸의 변화가 인종, 종교, 문화, 기술, 성차 등에 미치는 영향에 대해 서술했다. 그녀는「사이보그 선언문」에서 기술과 기계문명에 의해 탄생한 새로운 인간에 대해 질문을 던지면서 사이보그 인류학이라는 새로운 학문 분야를 개방했다. 그러나 스마트폰의 경우에는 사이보그적 인간형이라는 인간-기계의 혼성화와 잡종화의 영역에서 한발 더 나아간 측면이 있다. 스마트폰 사용자들의 삶이 기계에 포위되면서 수신과 발신의 피드백 사이에서 주체성과 기계 간의 선후차성이 전도되는 양상을 발견할 수 있기 때문이다.

스마트폰의 안드로이드화 국면에서는 기계적 약물중독현상이 강력해져서 마르크스가 언급한 기계의 의식적 관절로서 인간의 역할을 넘어서, 인간이 무의식적으로 이미 기계에 연결되어 있는 상황에 처한다. 이는 기계가 더 이상 접속과 단절에 의해서 선택되는 것이 아니라 늘 기관처럼 작동해야만 안심되고 삶이 유지될 수 있는 상황을 의미한다. 기계적 약물중독 상황은 일정량의 약물 없이는 생활이 유지될 수 없는 수준에 이른 약물중독자처럼, 일정 시간 기계와 피드백을 하지 않으면 생활을 유지할 수 없는 것이다. 기계는 일정한 반복양상이 패턴화되고 구체적인 기계장치로 응집되는 것을 의미하는데, 여기서 기계는 생태계같이 차이 나는 반복에 의해서 움직일 수도 있고 똑딱거리는 감옥의 일상처럼 동일한 것의 반복강박도 있을 수 있다. 스마트폰의 기관화현상은 반복강박이 일어나는 상황이 고착되어 마치 유기체의 일부처럼 일체화되어 작동되는 경우를 의미한다. 스마트폰이라는 기계장치가 기관화되어 코드화되고 닫힌 기계작동이 신체와 일체화되어버리는 상황은 외부가 없는 폐쇄된 공간에 갇혀 있음을 의미한다. 예를 들어 모든 관계의 대체물로 스마트폰 없이는 살아갈 수 없는 도시에서 고립되고 소외된 사람을 생각해볼 수 있다. 스마트폰은 기계에 포위되어 기계 아닌 기관으로 사용하는 상황을 만들어낼 수 있으며, 이는 스마트-디스토피아의 이미지를 그려낸다.

가제트식의 스마트 기기와 여가의 블랙홀

이제까지 노동시간과 여가시간 간의 관계가 쟁점이 되어왔다. 특히 스마트 기기가 여가시간을 사라지게 한다는 전문직 노동자들의 푸념을 주목해볼 만하다. 물론 반대로 스마트폰을 통해 작업장에서 빠져나와 다른 사람들과 가상의 장소성과 접속할 수도 있다. 그러나 대부분의 경우에는 그러한 상황보다는 기업가들의 이해가 관철되는 경향이 크다. 의사들에게 무선호출기라는 단말기가 어떤 의미를 가지는가 하는 점은 잘 알려져 있다. 의사들은 무선 호출기 때문에 쉬어도 쉬는 게 아니고, 늘 작업현장의 일부처럼 행동하면서 대기상태로 머물러야 한다. 이제 전문직 노동자들 일반이 마치 의사의 무선호출기 디바이스처럼 스마트폰을 통해서 회사와 늘 접속되어야 하는 상황에 처했다. 노동시간과 여가시간의 경계는 스마트폰의 보급으로 희미해졌고, 노동자들이 완벽히 노동시간과 단절하면서 여가시간을 누릴 여지도 희박해졌다.

여가를 연구한 사람은 마르크스의 사위이자 파리코뮌의 활동가 폴 라파르그Paul Lafargue이다. 그는 『게으를 수 있는 권리』(2005, 새물결)에서 '노동의 권리'만큼이나 '노동하지 않을 권리'도 중요하다는 점을 지적하면서, 노동중심성의 패러다임과 완전히 다른 영역에 있는 여가의 개념 구도를 보여주었다. 노동자의 권리를 주장하던 당시 노동운동가들에게 라파르그의 주장은 아주 색다르지만 배부른 소리처럼 들렸을지도 모른다. 그리고 스마트 시대에 다시 여가의 의미가 부상하고 있다. 노동과 단절해서 완전히 다른 삶의 형태를 개방해야 하는 것이 여가이며, 노동의 연장선에서 종속된 여가는 진정한 여가라고 볼 수 없다.

그러나 진정으로 문제가 되어야 할 부분은 여가 자체를 스마트폰이 잠식하고 있다는 점이다. 우리 삶이 가진 시간은 유한하기 때문에 어떻게 자신이 시간을 분배해 살아 갈 것인가 하는 것도 문제다. 삶–시간은 온전히 쓸 수 없고 노동시간을 절단해야 하는 상황도 억울한데, 여가시간 내부에서 스마트폰이 차지하는 시간도 만만치 않다. 인간의 삶에서 시간은 유한하기 때문에 어떤 상황에서는 선택이 필요하다.

스마트폰은 개인의 실존 차원에서 조명될 필요가 있다. 개인이 살아가는 진정한 이유를 찾고자 할 때 결국 궁극적인 질문으로 접근한다. "당신은 누구를 사랑하며, 무엇을 원하는가?"라는 질문이 그것이다. 사랑과 욕망은 무엇이 개인의 실존을 지속시키는가 하는 근본적인 물음의 대답이다. 사랑은 직접적인 변용을, 욕망은 간접적이며 우회적인 변용을 신체에 초래하며 실존을 강건하게 만들어준다. 그런데 문제는 사랑하고 욕망하기 위해서는 우선 여유와 자기 시간을 가져야 한다는 점이다. 늘 바쁘고 여유 없는 생활 속에서는 근본적인 실존의 질문인 "나는 왜 사는가?"라는 질문에 대답할 수 없고, "나는 누구인가? 여기는 어디인가?"라는 식의 회의와 불안의 질문에 사로잡힌다. 사랑하고 욕망하기 위한 최소의 조건은 삶의 여백이며 여유시간 동안 무엇을 하느냐의 여부다. 만약 스마트폰으로 게임을 하거나 온라인 콘텐츠를 즐기는 데 여유시간을 사용한다면, 실존적인 질문에 대한 대답을 유예시키고 지체시킬 뿐 감성적으로 응답하지 못하는 상황에 처한다.

만약 스마트폰을 통해서 여가시간을 소모하는 것이 의미 있다고 생각하는 사람이 있느냐고 질문한다면 "그렇다!"라고 대답할 사람이 몇이나 될까 모르겠다. 이것은 굉장히 근본적인 질문이지만 우리가 살아가면서 끊임없이 던지지 않으면 안 되는 것이다. "나는 일을 사랑하고 가족을 사랑하며 다른 사람을 사랑하는가?"라는 질문은 삶 속에서 끊임없이 던져지는 문제다. 단 한 번만에 그것이 완수되고 그다음은 마음대로 해도 된다는 식이라면 그 사람은 실존적인 의미에 응답하지 못하는 똑딱거리는 비루한 삶을 살아가는 것이다. 하이데거가 『존재와 시간』(2008, 동서문화사)에서 언급한 속인das Man이라는 개념은, 실존적인 의미에 대해서 응답하지 못하는 현대인을 지칭하는 개념이다. 똑딱거리는 비루한 일상 속에서 자신이 왜 살아가야 하는지 의미를 찾지 못하는 삶이 발생하는 이유는 기계화되고 체계화된 시스템 내에 삶의 여가시간을 뺏겼기 때문이다. 그러한 속인의 삶이 되지 않기 위해서는 사랑과 욕망의 관계를 통해서 자신의 근본적인 실존의 의미에 응답하는 삶-시간을 가져야 한다.

사람들이 바빠지는 이유는 전 지구적 자본주의가 시공간을 압축해서 자신의 장소가 가진 여백을 상실했기 때문이다. 데이비드 하비의 『희망의 공간』(2007, 한울)에서는 세계화의 진행으로 인해 풀뿌리 장소성이나 신체가 해체되고 자본이 매끄럽게 이동하는 상황에서 대안적인 공간과 신체를 어떻게 만들 것인가에 대한 문제의식이 서술되어 있다. 앞서 언급한 하이데거는 목가적이고 낭만적인 뿌리내림의 거주지를 사고한 바 있다. 그러나 자본은 이러한 장소성을 거의 다 파괴해버리고 국경과 영토, 경계를 자유롭게 넘나드는 자본의 시대를 만들었다. 그래서 지방자치단체조차 특산품, 미인대회, 축제행사를 벌이고 명승지며 박물관 등을 지으면서 장소 마케팅을 통해서 자본을 어떻게 머무르게 하고 끌어들일 것인가를 고민한다. 스마트폰은 안정성과 반복성을 가능케 할 최소한의 장소성에 기반을 둔 것이라기보다는 매끄럽게 이동하는 자본과 같은 위상을 가진 늘 이동하는 사람들이 가상적인 장소성의 역할을 할 수 있도록 설계되어 있다. 즉, 장소가 가진 고유한 반복적인 리듬과 향기, 색채 등이 이제는 스마트폰 하나가 대신할 수 있다는 발상을 가진 것이다.

장소의 여백이 사라져버린 상황에서 여가는 자동차를 타고 어디로 이동하든 똑같은 공간에 직면하게 되며 낯설고 새로운 장소는 어디에도 없는 상황으로 나타난다. 여가시간 동안 여행을 다녀오고자 하는 사람들이 직면하는 문제는 새로운 장소에서 새로운 사람을 만나고 새로운 화음과 리듬에 접속하기 위해서 여행을 떠나는 것인데, 관광같이 출발할 때 이미 결과에 대해 뻔히 알고 있는 상황이 연출되고 스마트폰이 울려대면서 어떤 장소인지에 상관하지 않고 주어진 일이나 사람과 대화해야 하는 상황이 연출된다는 점이다. 이러한 상황 속에서 여가나 휴가 동안 작업장이나 거주지를 벗어나 외부로 향해서 관계를 형성하고자 했던 사람들은 여가 자체가 잉여라는 생각에 사로잡혀 힘들고 피곤하다는 생각에 빠진다. 결국 거주지라는 자신의 영토를 벗어나서 새로운 관계와 장소를 형성하고자 하는 생각은 좌절된다. 그래서 진정으로 현명한 사람들은 여가시간 동안 스마트폰을 꺼두는 것이다.

기계 안의 환상과 기계 밖의 변용

스마트폰을 통해서 게임에 빠져드는 경우도 많다. 스마트폰게임은 앞서 언급한 기계적 무의식에 기반을 두도록 설계된다. 여러분은 기계에 놀이를 결합시킨 것이 스마트폰게임이라는 것을 금방 알아챌 수 있을 것이다. 이러한 기계적인 반복 패턴은 삶과 죽음마저 게임의 설정 일부로 느끼게 만들고, 죽음도 게임의 일부로 만들어버리며, 그만큼 삶을 강렬하게 만들어준다. 그래서 스마트폰게임은 놀이의 반복적 기능을 전자적 기계장치에 응집시킨다. 화려한 볼거리와 재미를 제공하는 스마트폰게임은 기계적 약물중독현상으로 시선과 두뇌를 빨아들이며, 소일거리를 찾게 해준다.

이제 스마트폰의 게임 기능이 기계와의 피드백을 재미있는 환상으로 인도하는 것이 어떤 의미인지에 대해서 말해야 할 것 같다. 사람들은 스마트폰이 발생시키는 환상에 빠져들어 시간과 삶을 소모하고 향유하면서도 환상 자체의 의미에 대해서는 무심코 지나치기 때문이다. 영국 철학자 토마스 홉스는 『리바이어던』(2009, 동서문화사)에서 기계적이고 인과적인 세계를 그려낸다. 그가 묘사하는 질서는 매우 계산적인 합리성에 기반을 둔다. 이 책에서는 이기적이고 개인적인 이해관심을 가진 사람들이 서로의 이해관계를 조정하지 못하고 '만인에 의한 만인의 전쟁'이라는 인민전쟁 상태에 빠질 수밖에 없다는 점이 추론되고, 결국 초월적인 국가권력의 괴물인 리바이어던을 요청해 평화를 유지할 수밖에 없다고 논리전개된다. 이러한 기계적 세계관이 설득력을 가지려면 추론의 전제조건이라 할 수 있는 홉스가 언급한 세계가 어떤 모습을 갖추고 있는지를 살펴보아야 한다.

홉스는 앞서 『물체론』De Corpore에서 물체들 간의 여백의 공간이 완전히 사라져 움직이기 위해서는 충돌과 마찰만이 발생하는 세계를 그려냈다. 이는 '세계소멸가설'이라 지칭되는데, 공간의 여백이 만들어내는 풍부한 잠재력이 소멸되어 공간에 대한 사유가 단지 환상과 상상에 의해서만 가능해진 상태를 의미한다. 마당이나 대청마루, 공유공간도 없이 빽빽이 자리 잡은 아파트 주민들이 자신의 사생활을 침범당하지 않기 위해서 사소한 층간소음에도 마찰을 일으키는 것을 생각해볼 수 있다. 주민들은 고립된 공간에 가두어져 있음에도 불구하고 텔레비전의 음색과 리듬이 만들어내는 환상적 공간연출 속에서만 자신이 세계 속에서 더불어 살고 있다는 환상을 가진다. 이것을 설명할 수 있는 개념이 홉스의 '환상적 공간화'를 지칭하는 판타스마phantasma이다. 판타스마의 구도는 스마트폰게임에 몰두하는 행동에서도 관찰된다. 예를 들어 꽉 짜이고 고정된 일상을 변화시키지 못하면서도 스마트폰게임에서 만들어지는 환상적 대체물을 통해서 공간연출을 하고 환상을 넘나드는 것으로 세계와의 교감을 대신하려는 사람들을 목격할 수 있다. 더 나아가 스마트폰 속에서의 관계마저도 게임 설정의 일부가 되어버리는 네트워크게임이 유행하면서 관계를 소비하며 게임의 설정 일부가 되는 현상이 나타난다.

기계장치는 환상적 대체물을 위해서만 존재하는 것이 아니다. 가타리는 『카오스모제』에서 기계장치가 만들어내는 도표적 가상을 언급했다. 즉, 기계가 발생시키는 가상성이 우리 삶을 유형의 세계를 넘어 무형의 세계로 확장하는 것이 도표적 가상이며, 그것이 색다른 삶으로 인도할 수 있다는 것이다. 이러한 도표적 가상이라는 개념은 자신의 고정된 틀과 고정관념을 유지하면서 환상을 소비하고 향유하기 위해서 기계를 사용하는 것이 아니라, 기계적인 흐름과 상호작용 속에서 삶을 변화시킬 수 있는 소재와 가상적인 능력을 발견하는 것을 의미한다. 도표적 가상은 세상을 재창조하고 삶을 색다르게 만들 수 있도록 기계의 가상성을 이용하는 것을 의미하며, 기계를 소비하기 위한 것이 아니라 생산하기 위해서 사용하는 것을 말한다. 그것은 상상력으로 가득 차 있고, 꿈꾸며, 숨 쉬며, 싸고, 먹는 것같이 무의식이 서식하는 기계장치로 우리를 초대한다. 그런데 기계는 홉스가 언급한 판타스마라는 환상장치와 가타리가 언급한 도표적 가상의 양면성을 가지지 않을까? 물론 기계를 통해서 삶을 풍부하게 만들고 변화시키는 소재를 찾을 가능성도 있지만, 고정되고 통속화된 삶의 방식이 가진 결여의 측면과 비루한 일상을 잠시 벗어나기 위한 하나의 방법으로 환상을 향유하기 위해 사용할 가능성 역시 존재한다.

자크 라캉은 『자크 라캉 세미나』에서 환상과 상상이 만들어내는 상상계의 영역에 직면해서 흔들리고 분열된 주체성이 되어버린 현대인의 상황을 그려낸다. 그는 이에 대해서 아주 극단적인 처방을 내리는데, 아버지의 권위를 대신할 상징계의 통합력에 의해서 고정관념과 고정된 틀이 유지되어야 한다는 것이다. 여기서 상징계의 그물망은 언어적 규칙과 사법적 질서를 의미한다. 라캉은 자본주의가 만드는 통속적이고 고정된 삶으로 인해 환상으로 도피하고 향유하려는 행위조차 정상화되어야 하는 것으로 보는 매우 보수적인 시각을 드러낸다. 그가 설명하는 환상, 결여, 향유 같은 개념 구도는 스마트폰 같은 기계장치들이 만들어내는 가상성이 결코 긍정적인 의미를 갖지 못한다는 것을 역설한다. 말년의 라캉의 '환상을 횡단하는 향유'라는 새로운 가설이 브루스 핑크의 『라캉과 정신의학』(2002, 민음사) 같은 책의 모티브를 구성한다 할지라도 상상과 환상에서의 보수적인 입장은 극복될 수 없다.

스마트폰게임이 만들어내는 환상은 실제로 직면하는 현실에서 신체나 삶을 변화시킬 수 없는 점에 대한 대체와 보완의 기능에 머물 것인지, 아니면 색다른 현실을 구성하며 가상을 통해서 신체를 변용시킬 것인지 갈림길에서 있다. 그러나 대부분의 경우, 자신의 몸과 마음은 변화시키지 않는 채 단지 향유와 소비를 위해서 우리 손에 스마트폰게임이 배치되고 있다. 신체의 변용과 환상은 같은 듯 다른 듯 우리에게 착각과 혼동을 안겨준다. 신체의 변용은 자기 일상의 틀을 깨며 관계를 변화시키는 것을 의미한다. 그러나 환상은 자신이 머문 자리 그대로 있다 하더라도 머나먼 우주와 별세계를 체험할 수 있게 해준다. 사람들이 스마트폰게임에 중독되며 빨려드는 것은 자신의 삶과 신체를 변용시키지 않고 그대로의 상태에서 그저 즐기고 싶다는 생각의 발로이다. 무의미하고 몰입할 것이 없는 무미건조하고 틀에 짜인 일상을 사는 도시에서 고립된 개인들에게 스마트폰게임은 더없이 좋은 소일거리 소재이다. 같은 의미의 즐거움이라 할지라도 직접 관계와 실천 속에서 자신의 삶을 변화시키며 만들어내는 즐거움과, 자신의 삶을 그대로 유지한 상태에서 환상을 소모하는 즐거움은 완전히 다른 의미를 가진다.

그런 의미에서 문화향유는 반동적인 의미를 가지며, 게으른 자가 누릴 수 있는 최대의 선물이다. 문화는 현존 자본주의를 유지하면서도 다채롭고 풍부한 가능성이 열릴 것이라는 환상을 준다. 문화향유의 맥락에서 스마트폰이 사용되면서 볼거리와 구경거리들은 많아졌지만, 정작 자신의 삶을 바꿀 정도로 강렬한 기억을 남기는 체험과 실천은 사라지고 있다. 그것에는 매우 위생적인 기계와의 피드백이 있으며, 모두 다 구경꾼인 상황이 연출된다. 기드보르의 『스펙타클의 사회』는 문화적인 볼거리가 사실은 축장된 자본이 보여주는 압도적이며 화려한 세계라는 것을 고발한다. 내면보다 외양이, 소수자나 노동자보다 자본가들이 찬양되는 세계가 구경거리의 세계이다. 스마트폰을 통해서 문화를 향유하는 것도 텔레비전이나 영화와 마찬가지로 이러한 구경꾼의 논리를 가진다. 근본적인 사회를 바꾸고 삶을 바꾸려 하지 말고, 현존 질서가 보장해주는 달콤한 문화에 취해보라는 속삭임과 유혹에 보통 사람들은 넘어가곤 한다. 반대로 스마트폰이 가진 기계적 무의식이 생산적인 방향으로 사용될 때는 욕망의 강렬도를 높이고 다채롭고 풍부한 삶을 만들 수도 있다. 그러나 지금처럼 스마트폰이 향유하고 소비하는 데 사용되는 한, 현존 자본주의문명의 고정된 착취질서를 인정하면서 그 상품세계의 매력에 빠지는 것에 불과하다.

기계는 환상을 넘나들며 향유하기 위한 수단이 아니라 신체변용을 위해 배치되어야 한다. 그렇다면 고립되고 틀에 짜인 삶에 지친 사람들이 서로 만나고 관계망을 형성해 새로운 삶을 만들기 위해서 스마트폰을 사용하게 될 것이다. 기계는 닫히고 코드화된 질서에 사용될 수도, 열린 공동체질서의 자기생산을 위해 사용될 수도 있다. 기계는, 이 책에서 일관되게 말하듯이 '이중적'이다. 스마트폰을 환상의 기계장치로만 사용할 것이 아니라, 신체변용이 가능할 정도의 기계장치로 사용할 때 기계적 약물중독 현상은 그리 나쁜 것만도 아니다. 수많은 기계장치를 생

산하고 창조하는 데 사용하고, 자신의 삶을 변화시키고
세상을 변화시키는 데 사용한다면 말이다.

여백, 여유, 여가가 없는 기계체

우리 삶이 여백이 없는 모습으로 변모한 것은 '아무것도
안 하고 생각하는 시간'을 결코 가질 수 없기 때문이다. 늘
바쁘게 스마트폰을 들여다보면서 시간을 보내야 하므로
생각하지 않고 조용히 창밖 풍경을 보거나 지나가는 자
동차를 바라보는 일조차 불가능해졌다. 삶은 아무것도 안
하는 시간을 어떻게 보내느냐에 달려 있다고 해도 과언이
아니다. 여백의 미가 사라진 삶은, 아주 바쁜 것 같지만 색
다른 지평으로 마음과 몸을 움직이는 데에는 매우 게으른
상태이다.

　아예 여유, 여백, 여가의 시간을 완전히 기계장치에 맡
겨버리는 경우도 있다. 이를테면 게임 중독 같은 경우가
그 사례인데, 마치 블랙홀로 향하는 별이나 빛처럼 시간
과 공간, 에너지가 게임을 할 수 있는 기계장치로 빨려든
다. 여기서 완전한 전도가 일어나는데, 다른 시간과 공간
은 게임을 위한 준비동작에 불과하고 게임이 삶의 목표가
되는 것이다. 게임에 빠져들면 마치 자신이 기계를 다루

어 놀이를 하고 있다는 생각을 가지는데, 그것은 아주 외양적인 부분만을 본 것이며 아주 나이브한 생각이다. 게임에 빠져든 사람들은 게임이 만들어낸 기계 시스템(=기계체)의 일부가 되어버린다. 즉, 게임하는 자신도 기계체의 일부로서 기계작동의 일부가 되는 것이다. 마우스를 움직이고 키보드를 두드리는 것도 기계적 설정의 일부라는 사실을, 게임을 하는 사람들은 깨닫지 못한다. 여기서 기계적 약물중독은 아주 극단적인 방향으로 나타나는데, 자신의 삶이 게임 설정처럼 느껴지는 전도되고 물신화된 상황이 벌어지는 것이다.

부분이 전체에 포섭되어 어떤 자율성도 가질 수 없는 전일적인 상태는 헤겔 철학의 합리적 핵심이었다. 헤겔에 대한 입문서로는 헤겔의 변증법 구도를 잘 정리한 피터 싱어의 『헤겔』(2000, 시공사)이 있다. 헤겔의 변증법은 개별적인 것이 특수한 것을 매개로 보편적인 것으로 포섭되는 유기적이고 통일된 전체상을 그려냈다. 이러한 헤겔의 변증법 사상은 국가라는 시스템에서도 나타나지만 게임 중독에서도 잘 나타난다. 헤겔이 생각한 통일성과 총체성이라는 시스템은 편집증적 포섭 능력을 가져서 어떤 이질적인 것이라도 시스템 내부의 일부로 만들어버리는 전체주의적 발상이라는 문제점이 있다.

게임 중독 역시 전체에 종속된 부분이라는 헤겔의 변증

법적 구도를 따른다. 게임 중독에 빠져든 사람들은 전체에 예속되어 자신의 특이성이 완전히 사라져버린 부분의 상태가 된다. 그리고 게임에서 빠져나오는 계기는 자신의 주체성조차 완전히 잠식되어 기계 설정의 일부에 불과하다는 것을 스스로 응시할 때이다. 즉, 게임에서 성공하고 승리하고 어떤 이야기와 설정을 가졌느냐는 중요하지 않다. 단지 자신은 시스템의 일부로서 반응한다는 점을 응시하고 게임에 대한 절단과 이행 요소를 발견하게 될 때, 비로소 게임 중독에서 벗어나는 것이다.

헤겔이 생각한 시스템은 기괴하게 통합된 질서이며 기계체가 가진 전체주의적인 측면을 강화한다. 반면 스피노자는 전체와 부분의 구도를 다르게 그린다. 그가 『에티카』에서 언급한 공동체적 질서는 기계체에 대한 색다른 가능성을 개방한다. 스피노자는 보편성이 아닌 공통성이라는 범주를 제시하는데, 헤겔의 보편성이 개별성에 상위개념이자 포섭개념이라면 스피노자의 공통성은 특이성과 나란히 존재한다. 그는 이 책에서 다양한 변용양태들이 어울리고 마주쳐서 합성되는 공동체를 기하학적으로 그려냈고, 그것은 색다른 기계체의 모습이기도 하다. 스피노자의 기계체는 소수적이고 특이한 것이 공동체를 풍부하게 만들고 변화시키는 것으로 간주되는 질서이다. 이러한 기계체로서의 공동체에서는 소수자에 의해서 특이성이 생산되면 공통성은 완벽히 다른 모습으로 재형상화되고 재창조되는 유형의 열린 질서가 그려질 수 있다.

스마트폰에 의한 기계적 약물중독 상황이 헤겔의 변증법처럼 보편적인 체제에 종속되도록 만들 것인가 아니면 스피노자의 공통성 맥락처럼 특이성을 생산해 공동체를 풍부하게 만들 것인가라는 질문이 던져질 수 있다. 현실은 두 가지 가능성을 모두 가진다. 그렇기 때문에 기계체 일반을 거부할 것이 아니라 어떤 기계체의 질서를 만들 것인가라는 점이 매우 중요해졌다. 헤겔의 폐쇄되고 코드화된 닫힌 기계체의 모습과, 스피노자의 열리고 자기생산하는 기계체의 모습은, 기계적 약물중독에 대한 가치판단을 양면적으로 전개할 수 있도록 만든다.

스피노자가 예감한 공통성과 특이성 개념은 네트워크에서도 잘 드러난다. 네트워크라는 연결망에서는 한 부분의 변화가 전체 네트워크에 돌이킬 수 없는 변화를 줄 수 있다. 그래서 어떤 특이한 것이 등장하느냐의 여부가 네트워크에서는 가장 중요하다. 이렇게 열린 네트워크는 스피노자가 생각한 기계체에 가장 가까운 질서를 가진다. 그리고 네트워크를 변화시키는 것은 외부에 대해 열린 질서로서 외부에서 다가오는 특이성이 네트워크를 풍부하게 만들 때이다. 네트워크의 외부는 접속을 단절한 상태의 여백에서 만들어지므로 네트워크를 풍부히 만들기 위해 내부에서 어떻게 활동하느냐보다는, 네트워크 밖에 있는 질서 속 여백에서 어떻게 특이한 활동의 소재를 발견하느냐가 중요한 것이다. 결국 여백의 실종은 열린 네트워크를 만들지 못하는 결과를 낳는다. 그러므로 오늘날 여백, 여유, 여가를 어떻게 만들 것인가가 매우 중요해졌다.

여기서 여백과 여유, 여가가 분자혁명의 강렬한 지대를 만들 수 있다는 점에 대해서 지적해야 할 것 같다. 마치 네트워크의 변화를 분자적 돌연변이에서 초래할 수 있듯이 예상치도 못한 새로운 생각과 아이디어, 삶의 방식이 생성될 수 있다. 여백과 여가는 들뢰즈가 생각한 잠재성의 영토 같은 것이어서, 늘 생성과 창조의 원동력이 될 수 있다. 한때 천문학자들이 블랙홀을 발견했다는 것이 뉴스가 되기도 했다. 어떤 물리학자들은 블랙홀이 있으므로 틀림없이 화이트홀도 있을 것이라는 이론적 가설을 제시하기도 했다. 그러나 우주론적 가설에도 불구하고 화이트홀은 발견되지 않았다. 그렇다면 화이트홀은 어디에 있을까? 가장 유력한 설명은, 우리가 살고 있는 우주가 바로 화이트홀로서 에너지를 방출하고 생성하는 공간이라는 가설이다. 이러한 화이트홀의 설명에 따라 생각해보면, 여백과 여가, 여유는 아무것도 안 하면서 무기력하게 보내는 무위의 시간이 아니라 생성과 창조가 만들어지는 시간이라는 점을 알 수 있다. 혹자에 따르면 실천활동에 뛰어든

활동가들은 놀아야 세상을 바꾸는 진정한 방법을 알 수 있다고 말한다. 과학, 예술, 혁명은 여백과 여가, 여유 속에서 만들어지며, 스마트폰 같은 기계장치가 여백을 만드는 소재가 되도록 배치된다면 우리는 화이트홀을 만드는 기계장치로서 스마트폰을 상상해볼 수 있을 것이다.

6장

SNS의 외부를 못 보는 사람들

SNS는 결국 우리끼리만 말하는 것이다

동물행동학에서 언급되는 야생동물의 범위한정기술은 자신의 영토를 구축함으로써 영토 내부에서 보다 부드럽고 예측 가능하며 안전한 현실을 조성하기 위한 것으로 분석된다. 그래서 영토라는 한정된 범위를 만들기 위해 몇몇 동물들은 그것을 지키기 위해서 무리의 일부가 망을 보기도 하고 어떤 동물들은 아예 그것을 요새화하기도 한다. 스마트폰을 통해 접속하는 소셜네트워크도 이와 다르지 않다. 그 안에서는 자신이 필요로 하는 정보와 만나고 싶은 사람들을 선택할 수 있어서 부드럽고 안전한 영토를 구축하는 동물들의 범위한정기술 같은 효과를 가진다. SNS의 이러한 특징에도 불구하고 많은 사람들은 무차별적인 대중과 만나는 인터넷과 동일한 위상에서 판단하는 오류를 범하는 경우가 많다. 나와 비슷한 성향의 사람들과 친구를 맺고 그들이 달아놓은 댓글을 읽고 '좋아요' 또는 '리트윗' 개수를 세면서, 자신이 소셜네트워크라는 공간에서 환대받고 있으며 SNS가 자신만의 관계망이며 자기의 꿈을 실현하는 가상공간이라는 생각을 한다. 소셜네트워크 사용자들은 이 사회에서의 적대와 투쟁, 대결이 사라져버렸다는 장밋빛 환상을 가지며, 자신이 생각하는 마음 좋고 관심과 취향이 비슷한 사람들과의 관계망을 세상의 전부인 양 착각하기도 한다. 그러나 소셜네트워크는 취사선택된 관계망이자 아주 국지적인 관계망일 뿐, 자신의 성향이나 취향과 다른 많은 사람들은 공백으로 남는다.

이제는 전통적인 미디어와 SNS의 차이점에 대해서 살펴보아야 할 시점이다. 텔레비전이나 신문 등 전통적인 미디어는 무차별적인 대중에게 일방적으로 메시지를 발신하는 거대 미디어 장치이다. 그래서 전통적인 미디어하에서는, '피하주사이론'이 말하는 대로 마치 두꺼운 피하층에 주삿바늘로 자극을 주어 감각하게 만드는 것처럼 무의식을 동일하게 주조하거나, '마법의 탄환이론'이 말하는 대로 정해진 과녁을 향해 쏘아진 탄환처럼 어떤 주어진 메시지에 똑같이 반응한다는 설명이 가능해졌다. 그러한 미디어에 주로 의존하는 세대는 아이와 노인 등 사회적 약자이면서 보다 복잡한 기계를 사용하지 못하는 계층일 경우가 많다. 전통적인 미디어는 조작법이 간단하고 별다른 노력 없이 멍하니 바라보기만 해도 된다는 비교적 간단한 피드백 방법으로 구성된다. 반면 SNS는 보다 복잡한 기계장치들인 스마트폰 사용을 전제로 하는 경우가 대부분이기 때문에 기계장치에 접근 가능한 20~30대 청년층에 의해서 작동된다. 무차별적이고 일방적인 방식으로 운영되는 전통적인 미디어와 달리 SNS는 개인과 개인의 상호작용으로 이루어져 자신이 아무것도 하지 않고 관조만 하는 것이 아니라 그 내부에서 열심히 무엇인가를 해야 하는 상황에 처한다.

인터넷이 가진 '낯선 사람들과의 접속'이라는 측면이 SNS에서는 최소화된다. 때문에 SNS는 인터넷 공간이 가진 우발성 측면이 최소화되어 이질적인 것이 사라지고 안정감 있고 부드럽게 느껴진다. 그렇다고 해서 국지적인 영역에서 접촉경계면을 형성하는 오프라인 만남과 같다고 할 수도 없다. 우리는 여기서 사회와 공동체의 차이를 생각해볼 수 있다. 사회는 이질적인 사람들의 만남이 이루어지며 가깝지도 멀지도 않은 관계를 구성하는 데 반해, 공동체는 자신의 생활연관 속에서 친밀하고 유대감을 가진 사람들과의 관계이다. 사회적 관계망이 어떤 방식으로 이루어지는가에 대한 예로 펠릭스 가타리가 『정신분석과 횡단성』(2004, 울력)에서 언급한 쇼펜하우어의 고슴도치 우화를 들 수 있다. 어느 추운 겨울날 고슴도치들이 추위를 피해 모여 있는데, 너무 추워서 가까이하면 서로 가시에 찔리고 멀어지면 춥기 때문에 모였다 흩어졌다를 반복하다가 마침내 적정한 거리를 취한다는 것이다. 사회 초년생이나 대학신입생들이 이러한 가깝지도 않고 멀지도 않은 사회적 관계망에 미숙하기 때문에 일어나는 해프닝들은 익히 알려져 있다.

스마트폰의 SNS 어플리케이션을 통해서 시간을 많이 보내는 사람은 친구가 없는 상태임에도 마치 친구가 있는 것처럼 생각하게 되고, 자신의 공간이나 거주지가 딱히 없는 젊은이도 SNS라는 가상공간을 통해 자신이 주인공인 공간이 있는 것처럼 느낀다. SNS는 인터넷 공간처럼 브라운운동의 전염효과를 가지지만, 자신이 맺는 관계맥락 속에서 편집되고 해석되어 나타난다.

물론 모든 정보를 다 취한다고 해서, 그것이 객관적이며 선善이라고 보는 것도 억측이다. 예전에는 인터넷 사용자가 넓은 바다를 항해한다는 이미지가 강했다. 그러나 이제는 낯선 세계를 탐험하기보다는 자신과의 관계망 영토를 형성하는 SNS 같은 기획으로 이행했다. 물론 인터넷이라는 넓은 바다는 여전히 존재한다. 하지만 이제 대중은 이 인터넷이라는 넓은 바다에서 낯선 사람을 만나고

방황하는 것에 흥미를 느끼지 않는다. 낯선 세계와 인물을 횡단하는 대신 친밀하고 가까운 사이를 만들어보고 싶은 생각이 도시에서 고립된 사람들의 주된 관심사가 되었다. 이러한 생각을 스마트폰의 SNS가 달성할 수 있을 것 같지 않은데, 그 이유는 정말로 친밀하고 가까운 사이는 관계를 성숙시키기 위한 많은 시간이 필요하며, 불필요하고 비효율적으로 보이는 돈과 시간의 소모를 필요로 하고, 우발성에 의해서 언제든지 틀어질 수 있는 불안정함을 가지기 때문이다. SNS는 인터넷을 무한공간의 이미지로 만드는 것이 아니라 국지적이고 유한한 공간의 이미지로 만들어주었다. 그러나 그것은 자신이 원하는 것만, 듣고 싶은 것만, 보고 싶은 것만 접속하게 되는 결과를 낳을 수도 있으며, 홉스가 『물체론』에서 언급한 고립된 개인들의 환상이 만들어내는 공간연출과 같은 상황으로 인도할 수도 있다. 더 나아가 스마트폰을 통해 SNS에 접속하는 것은 열린 공동체로 향하지 않고 우리끼리라는 폐쇄적인 범위 내에 머물러 안정감을 가지려는 욕구의 발로일 수도 있다.

어떤 사람을 안다는 것은 그 사람이 보여주는 일면을 파악하는 것이 아니라 삶을 감성적으로 느끼는 것이다. SNS에 등장하는 친구들은 대부분 자신이 보여주고 싶은 면만 보여주는 경향이 있다. 그래서 트위터나 페이스북 친구가 되었다고 해서 그 사람의 삶의 향기와 리듬을 안다고 할 수 없다. 사람들은 자신이 보여주고 싶은 장면이나 심리상태를 다소 과장하거나 미화해서 보여주기도 한다.

앨리 러셀 혹실드의 『감정노동』(2009, 이매진)은 감정을 유지하고 소모하며 감추는 것이 사회적 노동이 되어버린 실태를 여러 가지 노동 사례를 들어 설명한다. 감정노동은 자신이 가진 삶의 내재성과 본래의 정서와 마음을 감춘 채 외양적으로 다른 감정을 가져야 하는 새로운 유형의 노동형태이다. 감정노동을 하는 외판원은 겉으로는 웃고 친절하지만 속으로는 그러한 감정상태를 유지하기 위해서 무척 곤혹스러운 상황을 견딘다. 반면 네그리가 『제국』에서 언급하는 정동노동은 돌봄과 사랑을 통해서 더 많은 것을 사랑할 수 있는 능력을 갖추는 방식으로 이루어진다. 그는 서비스와 교육, 돌봄노동의 확장이 정동노동으로 나타날 긍정적인 가능성에 대해서 주목했다. 스마트폰의 SNS 글이나 사진, 영상 등이 감정노동처럼 자신을 감추고 일면을 과장하기 위한 것인지, 정동노동처럼 자신의 사랑이라는 삶의 내재성을 유감없이 드러내는 것인지 논란의 여지가 있다. 현실에서는 이 두 측면 모두에서 파악되어야 할 것이다.

소셜네트워크는 인터넷의 가상현실처럼 전혀 다른 성격과 인격을 가진 가상적 주체를 등장시키지는 않지만, 그래도 가상과 현실을 넘나들며 직조되는 관계망이기 때문에 가공되고 극화되고 과장되게 자신을 드러낼 가능성이 존재한다. 그래서 SNS에서 아주 진보적인 발언을 하는 사람이라 할지라도 현실에서는 권위적이고 보수적인 발언과 행동을 보일 때도 있다. 그것은 SNS가 가상적 인격을 통해서 덕과 선행, 품성을 과시하려는 의도를 가지기 때문이다. 덕virtue이라는 개념은 가상성virtuality의 어원이 된다. 왜냐하면 덕 개념은 역능, 효능의 의미를 가지며, 그것의 확장을 의미하는 가상성 개념으로 나아가기 때문이다. SNS는 주체들의 능력과 덕의 확장으로서 가상성이 존재할 수 있지만, 이것이 전도되어 가상성을 통해서 덕을 과시할 수도 있다. 그래서 덕과 가상성의 선후차성이 모호한 경계선에 있게 되어서, 그것이 과연 그가 가상현실에 기반을 두고 만들어낸 것인지 아니면 정말로 덕이 넘쳐서 가상현실까지 미친 것인지 다소 모호하다.

SNS는 세상에 무의미로 간주된 생명, 소수자, 꽃, 나비,

벌, 광석 등의 표현소재를 담을 수 있으며, 또한 이제까지 비루하게 생각되었던 삶을 특이한 삶으로 재창조하는 것을 담을 수도 있다. 그러나 SNS가 자신의 의미연관을 지나치게 강조할 경우 대부분 자기과시적인 미디어로 전락한다. 그래서 삶이 가진 향기와 리듬, 색채가 지닌 무의미가 사라진 의미의 논리를 강제하는 수단으로 전락할 수도 있다. "의미가 바로 권력이다"라고 탁월한 분석을 한 펠릭스 가타리는 『분자혁명』(1998, 푸른숲)의 말미에서 의미의 논리를 파헤친다. SNS는 발언권 없는 사람들, 얼굴 없는 사람들, 목소리 없는 사람들이 존재한다는 점을 응시하면서 사랑의 관계망을 만드는 가능성이 존재하지만, 자신이 세상의 주인공이며 특별한 발언권과 얼굴과 목소리를 가진다는 환상의 소재가 될 수도 있다. 그래서 SNS에 글을 올리고 영상을 올리면서 새로운 사건과 소재를 찾으면 대부분 이 의미의 논리에 걸려들어 자기과시적인 형태로 향하는 경향이 있다.

SNS의 관계망은 스피노자가 『에티카』에서 다룬 핵심 논점인 내재성을 그 자체로 가질 수 없다. SNS에 빠져들어 그 속에서의 관계가 삶을 대신할 수 있다는 생각을 가지는 것은 후차적인 삶의 효과를 선차적인 삶으로 대신하려는 것이라 할 수 있다. 이 모든 것이 고립된 개인의 환상의 대리물로 작동하는 것도 현실이다. 그러나 삶의 내재성이 정동, 무의식, 욕망의 흐름으로 이루어져 영상과 이미지의 흐름으로 그것을 대신할 수 없듯이, 삶에서 무의식의 움직임과 욕망의 흐름을 모두 다 SNS에 담아낼 수는 없다. 이런 이유에서 자기 자신의 삶의 지평에서 보자면 SNS는 지극히 일면적인 표현소재일 뿐이다. 그러나 스마트폰의 SNS는 자신을 둘러싼 많은 다른 사람들의 제각기 다른 생각들의 파편으로 이루어진 차이를 횡단하면서 이질적인 것들과의 접속과 그것이 그려내는 복잡계를 형성할 수도 있다. 그러므로 스마트폰의 SNS에 접속한 사람들은 글을 쓸 때와 다른 사람의 글을 읽을 때, 그가 의도한 내용과 표현방식의 차이처럼 다른 층위에 놓인다. 나를 표현할 때는 나의 다양한 면의 일부만을 과장과 극적인 요소를 도입해서 쓴다. 이러한 삶의 일부는 SNS 관계망의 일부로서 기계적으로 작동하는 자신일 수도 있다.

 SNS는 개인적인 상황, 사건, 취미, 성향 등의 관계맥락을 보여주면서 노출을 권장하는 공간이지만, 다측면적인 관계망과 삶의 일부일 뿐 그것을 대신할 수는 없다. 보다 풍부한 삶의 맥락과 관계맥락은 SNS를 벗어난 곳에서 발생하며 의도적인 연출이나 극적인 요소를 가미해 치장할 수 없는 생활연관 속에 있다. 스마트폰은 시시각각 SNS에 올라가는 친구의 소식을 접하거나 소식을 올리면서 마치 자신이 도시에서 고립된 개인이 아니라 누군가와 함께한다는 환상을 던져준다. 그래서 북유럽에서는 SNS가 자살예방활동을 위한 수단으로도 이용될 정도다. 하지만 SNS의 가상인격 노출증과 자기과시 영역으로는 삶의 지지대나 관계망의 혜택에 접근할 수 없을 것이다. 플라톤이 『국가』에서 언급한 진짜 세상으로서 이데아의 가상현실이 현실과 따로 존재한다는 생각처럼, SNS를 현실에서의 사랑을 대신할 진정한 세계로 여기지 않는다면 말이다.

SNS를 통해서 자기 자신을 만들려는 몸부림과 가십거리들

물론 SNS의 모든 것이 가짜로만 이루어지지는 않는다. SNS를 사용하는 사람들이 그 많은 자기 삶의 이야기를 적어대는 이유는 바로 자기 자신의 삶을 재생하고 자기생산하기 위해서다. 이러한 자기생산은 생명에게만 국한된 속성이 아니다. 가타리는 『카오스모제』에서 기계도 자기생산의 본성을 가진다고 언급하면서 기계에 관련된 색다른 시각을 제공해주었다. 기술기계, 사회기계 등이 사례라 할 수 있는데, 예를 들어 기술기계는 자동차의 생성과 유지 과정을 살펴보면 자기생산의 본성을 알 수 있다. 자동차기술이 일단 만들어지면, 자동차가 환경을 파괴하는 등의 부작용에도 불구하고 친환경자동차 등으로 스스로를 개량하고 바꾸면서 기술 자체가 계통발생적으로 자기생산되는 모습을 보인다. 기계가 자기생산을 한다는 것은 내부와 외부를 구분하는 폐쇄성을 기본적으로 가지며 내부에 자기의 장치를 작동시키는 원리를 지닌다는 점이다. 그리고 이러한 기계의 자기생산을 가장 극단적으로 보여주는 것이 '로봇이 로봇을 생산하는 공정'으로 발전하고 있는 오토매틱 분야이다.

다시 SNS 문제로 돌아가서, 기계를 재생산으로 볼 것인가 아니면 자기생산으로 볼 것인가의 측면에서 기계의 이중성 문제가 쟁점이 된다. 이를테면 가정주부들이 반복적으로 가사노동을 하고 육아, 서비스, 세탁, 요리 등 돌봄노동을 하는 것이 자본주의사회의 재생산을 위한 반복을 하는 것인지 아니면 공동체의 자기생산을 위한 반복을 하는 것인지 알 수 없는 상황이 있다. 레오폴디나 포르투나티는 『재생산의 비밀』(1997, 박종철출판사)에서 여성의 가사노동이나 돌봄노동이 사회적 재생산을 위해서 수행되는 부불노동의 일종임을 폭로한다. 이탈리아 자율주의의 영향을 받은 저자는 노동이 아닌 활동의 영역이라 간주되었던 재생산의 기계작동을 발견한다. 이에 따르면 아이들이 벽에 낙서를 하거나 텔레비전을 보는 것도 노동의 일종이라 해석될 여지가 생긴다. 이를테면 텔레비전을 보는 것도 다음 날 안심하고 새로운 기분으로 출근하기 위한 재생산노동을 하는 것이라 간주될 수 있기 때문이다. 재생산은 현존 자본주의질서가 가진 등가교환과 상품들의 세계가 움직이는 데 기계들이 작동하는 것을 의미한다.

문제는 스마트폰의 SNS를 자기생산의 수단으로 사용하는 사람들이 보여주는 모습이 대부분 자기 자신의 일상의 편린이나 가십거리, 아주 파편화된 단상, 메모들을 기록하면서도 기계적 피드백을 벗어나 아주 특이한 것을 만들어내지 못한다는 점이다. 스마트폰이라는 기계와의 피드백이 자기생산을 이룰 수 없는 것은 분명하지만, 그것을 목적으로 하게 되면 기계와 이를 사용하는 개인 사이에서 인터렉션interaction이 고착되어 마치 일정량의 약물이 필요한 약물중독자 같은 상태에 빠진다. 나는 이러한 현상을 '개인의 도그마적 자기생산'이라 지칭하고 싶다. SNS를 통해서 수많은 말과 영상, 이미지, 사진을 올리는 이유가 바로 자기를 생산하기 위한 것이지만, SNS라는 기계장치와의 피드백 자체가 목적이 되어버리는 전도현상이 일어나 결국 도그마적인 상태에 빠져드는 것이다. 그러므로 SNS의 자기생산은 고립된 개인들이 자기 자신을 만드는 몸부림 같은 것으로 전락해서 온갖 가십거리의 진열장이 될 수도 있다.

이러한 도그마적 형태의 자기생산이 발생하는 이유는 SNS를 이용하는 사람들이 도시에서 고립된 현대인인 경우가 많기 때문이다. 현실에서의 관계망을 SNS 관계망이 대신할 수 없지만 그렇게 될 수도 있다는 착각에 빠져드는 순간, 사실은 그 자신과 기계와의 피드백이 가진 도그마적인 요소에 빠져들게 된다. 오늘날 기술이 고도화된 후기자본주의는 공동체를 파괴하고 도그마화된 개인을 만들어내면서 거기에다가 과도한 권리와 의무를 부여했다. 이러한 책임주체로서 개인의 탄생은 근대사회의 철학과 사상의 골간을 이룬다. 그러나 책임주체로서 개인은 관계를 갈구하고 관계가 가진 사랑과 욕망을 찾아 헤매는 불나방 같은 존재가 되어버렸으며, 더 연약하고 흔들리고 분열된 주체가 되었다. SNS에서는 이러한 고립된 개인들이 책임주체를 강요하는 사회조직이나 제도에서 갖지 못했던 풍부한 표현소재나 자기생산 요소를 찾기 위해서 집착하기도 한다.

여기서 프랑스 철학자 미셸 푸코가 『감시와 처벌』(1994, 나남)에서 언급하는 규율의 시스템이 원자화된 개인을 주조하는 경향에 대해서 주목할 필요가 있다. 이는 푸코의 후기 저작에서 '자기통치성'이라는 개념으로 나타나는데, 사회책임이나 국가책임을 철저히 개인책임으로 만들어서 권력의 일부를 가진 개인들이 자신의 삶에 대한 미세한 통치가 중요해진 신자유주의 상황을 설명한다. 푸코의 말년 저작은 권력의 배치dispositif 속에서 어떻게 새로운 윤리적이고 미학적인 주체를 형성할 것인가 하는 문제에 대한 응답이다. 푸코는 주체의 죽음을 선포하고 그 대신 주체가 권력효과이거나 미시권력의 네트워크에 따라 형성된다는 점을 밝히면서도 그리스적 인간형이 보여준 자기에 대한 테크놀로지를 통해서 윤리적 주체 형성을 도모하기 때문에 이중성을 가진다.

푸코 말년의 색다른 '주체 형성'의 과제와 비교되는 것이 바로 가타리의 '주체성 생산'이라는 개념이다. 물론 푸코가 얘기하는 '권력의 미시정치' 대신 가타리는 '욕망의 미시정치'의 입장에서 특이한 주체성이 어떻게 생산될 것인가에 대해서 탐색한다. SNS가 가진 책임주체에 한정되지 않는 가상적 관계망의 속성을 가진 요소는, 도그마적인 개인을 재생산하는 데 머무는 것이 아니라 특이하고 색다른 주체성 생산의 과제에 응답했을 때에야 비로소 자기생산의 기계장치가 될 수 있다. 주체성 생산은 관계망 속에서 만들어지는 관여적 주체의 문제이다. 관계망이 가진 욕망, 무의식, 정동의 흐름에 따라 새로운 생각과 아이디어를 가진 주체성이 생산될 수 있으며, 이는 도그마적인 개인들이 자기를 생산하기 위한 몸부림을 넘어선 것이다.

SNS에서 글을 쓰면서 자기생산을 하려는 지극히 자연스러운 행동은 라캉이 언급한 유아기 아이들처럼 상상계적 단계에서 보여주는 거울단계를 연상케 한다. 조각난 신체, 분열된 신체, 흔들리는 신체의 아이가 거울을 들여다보면서 통합된 자아라는 상상을 하는 것이 그것이다. 브루스 핑크Bruce Fink의 『라캉과 정신의학』(2002, 민음사)에 따르면, 라캉의 심리치료는 분석가와 피분석가라는 일대일 대응의 거울단계 기법을 사용하면서도 마치 자본주의의 정상성을 떠받드는 사법질서로 표상되는 상징계라는 제3자가 개입한 것처럼 이루어진다. 라캉은 상상계 속에서는 의미연관이 흔들리며 분열되고 미끄러지는 주체의 상태에 빠져든다는 점을 지적하면서, 이러한 분열된 주체를 권위적인 현존 질서의 상징체계의 격자 속으로 밀어넣는 것을 치료 과정이라고 설명한다. SNS에서 자기 자신을 생산하기 위한 표현소재로 이용되는 파편화된 단상이나 감정의 흐름에 따라 쓰인 감성적인 글, 온갖 피상적이고 가십적인 소재를 활용하고 재편집한 이미지 등은 라캉의 기준에서 볼 때 상상계 속에서 분열된 주체가 보여주는 모습으로 평가될 것이다. 그러나 이러한 분열된 모습은 기계를 마치 거울처럼 보면서 자신을 생산하는 도그마적인 상태에 머물지 않고, 관계망 속에서 주체성을 생산하는 방향으로 나타날 수도 있다. 그런 의미에서 SNS에서 흔들리고 분열된 주체는 관계망에서 특이함을 생산하는 색다른 주체성일 수도 있다.

이렇듯 SNS가 색다른 관계망 역할을 할 때 기계적 피드백의 도그마적 상태에 머물지 않고 관계 속에서 주체성 생산을 할 수 있다. 그렇다면 SNS가 재생산을 위해서 그 럴싸한 관계망을 만들어놓고 그것을 이용하려는 자본의 소재가 되는 것이 아니라, 전혀 다른 궤도와 특이점을 형 성하는 자기 자신을 만들어내는 기계장치로 변모할 수도 있는 것이다. 앞서 언급했듯이 기계는 재생산의 속성과 자기생산의 속성을 함께 가지기 때문에 어떤 면만을 단편 적으로 판단할 수 없다. 도그마를 넘어 자기생산 즉, 주체 성 생산으로 SNS가 사용된다는 것은 언제든지 가능하며 이미 어느 정도는 그렇게 사용되고 있다.

SNS 그물망의 외부와 내부

SNS는 우리 생활의 일부이며 열광과 열정의 소재가 되 기도 한다. 그러나 SNS의 안과 밖을 함께 살피면서 배치 한다는 것은 사실상 어렵다. 사람들은 아주 편리하고 쉽 게 SNS를 통해서 많은 것을 해결하겠다는 발상을 가진다. 그럼에도 공동체적 관계망은 SNS에 꾸준히 올라오는 글 처럼 노력 없이 쉽게 소비될 수 있는 것이 아니다. 아주 사 소한 관계라 할지라도 그 관계를 발전시키고 성숙시키기 위해서는 시간과 노력이 필요하며, 그 결과로 색다르고 특이한 상대방이 가진 세상과 만날 수 있다. 동시에 너와 나 사이에서 공통의 것을 만들며 생산하는 황홀한 체험을 할 수 있다. 사람들이 SNS의 창을 여는 것은 관계가 주는 혜택에서 멀어진 자신의 실존적 상황을 반증하는 것일 수도 있다.

　소셜미디어, 소셜네트워크 붐이 일면서 많은 사람들이 SNS 관계망에서 새로운 기획과 영업방식, 기술을 적용하려고 했다. 그것은 기술이 만든 관계망이 주는 시너지 효과에 착목하는 것이었다. 그러나 SNS의 그물망으로도 도달할 수 없는 영역은 아주 가까이 생활연관하에서 만나는 사람들과의 접촉이 만들어내는 풍부함과 다채로움이다. 사람들은 자신이 만나는 사람들을 늘 새롭게 대하고 그 깊이와 잠재성의 영역, 색다름을 발견하는 데 게을러졌다. 대신 아주 멀리 떨어져 있거나 생활연관 밖에 있는 사람들의 소식이나 일상, 정보 등에서 새로움의 소재를 발견하려고 한다. 이러한 방식은 관계를 소비하고 향유하려는 사람들의 태도이다. 결국 관계를 통해서 정말로 해결해야 할 문제를 회피하고 자신의 고정된 틀을 유지하려는 수동적인 태도인 것이다. 사람들은 자신의 통속적인 생활방식과 고정관념이 스스로를 고립시키고 관계를 열망하게 되는 이유라는 것을 잊어버린다. 대신 어디든 관계는 가능하며 자신은 위생적이며 쿨하다는 태도를 취한다. 외로움과 고독에서 나오는 욕망과 사랑이라는 정념이 괴물처럼 자신을 급습할 때에도 그것이 무엇을 통해 해결되어야 하는지 답하지 못하며 더 많은 소비와 향유를 통해서 정념과 욕망을 중화하고 달래려고 할 뿐이다.

SNS는 고독하고 고립된 사람들에게 세상과 접속할 유일한 창이자 수단이 될 수도 있다. SNS에서는 자신을 아름답게 미화하면서 자신의 정념조차 감당할 수 없는 연약한 사람이라는 점을 감출 수 있을지도 모른다. 그러나 공동체적 관계 속에서 욕망이나 정념은 관계를 풍부하게 만들고 활력을 촉진할 수 있는 매개체이며, 그것을 감출 필요가 전혀 없다. 오히려 특이한 욕망이 생기면 새로운 관계망이 생길 수 있기 때문에 공동체의 생명 에너지를 발화시키는 재료로 사용된다. SNS를 통해서 자기 자신을 생산하고 정념과 욕망을 드러내는 것은 공동체적 관계망이 없는 상황에 처한 사람들이 선택할 수 있는 최선의 방법일 것이다. 그러나 아주 가까이에 있는 사람에게 다가가서 문제를 해결하는 것이 최선의 방법이다. SNS는 그 관계를 준비하며 오랫동안 기다려온 사람들의 길고 외로운 독백일지도 모른다.

7장

감추고 싶은 것의 파괴, 보이지 않는 것의 종말

보여주기 위한 외양으로 이루어진 스마트폰 속 세상

스마트폰의 기능들은 대부분 사생활과 관련되며, 그것을 노출해 다양한 서비스를 받도록 설계되었다. 그러나 모든 것을 노출하고 드러내는 것이 과연 편리함과 신속함을 주는 것인가에 대해서는 한번 생각해봐야 할 것이다. 아무리 외양적으로 자신을 드러낸다고 할지라도 보이지 않는 영역에 있는 생활세계의 문제는 여전히 남아 있으며, 우리에게 보이지 않는 것이 어떤 의미인가에 대해서 문제 제기를 필요로 한다. 사실 인간은 보이지 않는 감정, 정서, 느낌을 공동체에게 남겨주며 홀연히 떠나는 그런 존재이기 때문이다.

'진실은 저 너머에'라는 관점을 처음 언급한 사람은 플라톤이다. 그는 『국가』에서 '보이지 않는 이데아 세상'에 대해서 처음으로 언급했다. 플라톤에게 보이지 않는 것은, 이것과 저것 사이에서 차이 나는 것들을 사라지게 한 나머지 잔여분이며 보편적인 진리로서 이데아라는 가상 세계였다. 예를 들어 덕德에 있어서도 구체적인 이 덕과 저 덕이 다른데도 불구하고 보편적인 덕을 말하기 위해서는 피안에 진리가 거주하는 공간인 이데아 세상이 있어야 한다는 것이다. 다소 난해해 보이는 이런 논의를 사람들은 실재론realism이라고 정의한다. 플라톤의 실재론은 객관적인 진리가 현실과 분리되어 따로 존재할 것이라는 근대의 진리에 대한 생각의 모태가 되었다. 플라톤의 보이지 않는 이데아 세상에 대한 논의는, 우리가 발 딛고 서 있는 서로 차이 나고 다양한 세계를 비천한 것으로 여기는 귀족주의적 시선을 가졌다. 플라톤의 보이지 않는 이데아 세상의 논의는, 차이 나는 현실과 분리되어 이상화된 원형이자 원본으로서 진실이 따로 존재할 것이라는 점에서 현실의 관계맥락이나 생활세계로부터 벗어난 논의이다. 플라톤처럼 생각한다면 보이지 않는 것은 보편적이며 객관화된 진리일 뿐이다. 그래서 특이하고 차이 나는 삶의 보이지 않는 맥락에 대해서는 완전히 배제한다. 이러한 플라톤의 생각은 보이지 않는 것을 형이상학으로 해서 범인凡人들이 접근할 수 없는 이상세계로 만들어버렸다.

플라톤의 보이지 않는 이상세계로서 이데아 질서는 근대로 접어들면서 극복되었지만, '주체'와 '진리'라는 영역에서 실체화되었다. 실재론의 전통은 근대의 과학과 진리가 잘 계승하고 있는데, 그것을 잘 드러내는 것이 보이지 않는 곳에서 이루어지는 동물실험실 같은 것이다. 플라톤의 실재론이 언급하는 보편적이고 객관적인 진리가 거주하는 공간은 수많은 동물들이 희생당하고 고통받는 동물실험실 같은 공간으로 나타날 수 있다는 것이 나의 이론적 가정이다. 대신 이러한 동물실험의 결과는 철저히 화려한 외양을 위한 화장품 같은 것일 수 있다. 화장품이 외양의 미를 추구하면서도 보이지 않는 영역에서 잔혹함을 가진 것처럼 그것에서 역설의 질서가 발생하고 전도가 일어난다.

이 같은 화려한 볼거리와 구경거리로 이루어진 외양과 외모의 전도된 질서에 대해서 탐색한 기 드보르는『스펙타클의 사회』에서 화려한 외양으로 이루어진 구경거리들이 사실은 축적된 자본이 만들어낸 이미지라는 것을 고발한다. 화려하고 압도적인 이미지들은 실은 노동자들의 힘에 의해서 만들어진 것임에도 불구하고 이를 물신화해 자신과 무관하게 거대한 자본과 권력의 힘으로 인식하는 현상이 생긴다. 그렇게 되면 민중은 볼거리와 외양, 외모의 화려함이 만드는 가짜 질서에 사로잡히며, 모두 다 허위인 세계에서 얼마만큼 설득력과 언변술을 갖춘 거짓말을 하는가가 문제가 되는 허언증의 세계에 사로잡힌다. 결국 사람들은 궁정풍의 연애나 사교계처럼 외양의 질서로 이루어진 전도된 세계에 압도당한다. 이는 스마트폰에서 보이는 것, 외양, 외모 등이 우선시되는 것이 가진 물신성에 대해서 기 드보르의 논리를 일면 파악할 수 있게 만들어주는 측면이 있다.

인간관계가 사물이나 상품의 관계로 전도되어 상품으로 구성된 세계의 일부처럼 움직이는 것에 대해서 처음으로 언급한 사람은 칼 마르크스다. 마르크스는 『자본론』(2004, 비봉출판사)에서 사회적인 관계가 마치 상품 간의 자연적인 관계처럼 나타나는 현상에 대한 단상을 적어놓았다. 이러한 상품물신성 테제는 외양과 외모, 볼거리로 이루어진 상품질서의 본질에 대한 것으로 파악되었다. 그러나 스마트폰에서는 이러한 상품물신성이 아주 극대화되어 모든 보이지 않는 영역에 있는 것들을 노출하며 볼거리와 구경거리로 만드는 기획을 가졌다. 사람들은 스스로 화려한 외관을 가진 상품처럼 자신의 브랜드를 만들어내고 마케팅하고 있는 것이다. 자신을 뽐내며 자랑하고 자신을 앞세우는 모든 행위들이, 스마트폰의 인스턴트메시지와 SNS에서 독려된다. 마르크스와 기 드보르가 생각했던, 외양이 내면을 완전히 압도하는 전도된 세계가 스마트폰을 매개로 만들어지는 것이다. 물론 광고 마케팅 전문가들은 스마트폰에 광고를 실을 수 있는 공간이 없어서 광고시장이 감소한다고 괴로움을 토로하기도 한다. 스마트폰을 매개로 한 관계 속에서 마치 상품처럼 기능하는 사람들의 행동이 나타난다는 점에서 굳이 광고를 따로 할 필요가 없게 되어버린 물신화된 질서가 등장했다. 이러한 전망은 기술에 대한 디스토피아적인 전망 속에서 아주 비관적인 생각일 뿐이라고 지적하는 사람들도 있을 것이다. 그러나 스마트폰이 가진 외양, 외모가 중심이 된 세계의 사물화현상에 대해서 지적해야만 그 내부에서의 행동추이와 동역학이 파악될 수 있다.

상황주의 인터내셔널을 이끈 기 드보르같이 마르크스의 물신성 테제를 통해서 전도된 상품질서를 파악하는 방법도 있지만, 프랑크푸르트학파의 발터 벤야민처럼 상품질서와 기술을 물신성과 혁신성의 두 가지 양상으로 함께 바라보는 방법도 있을 것이다. 그는 『기술복제시대의 예술작품』(2007, 길)에서 기술복제시대에 들어서면서 기존 사물이나 인물이 가진 고유한 느낌과 아우라가 사라져버린 현실에 대해서 먼저 지적한다. 벤야민은 이러한 기술복제 상황을 부정하고 플라톤 방식으로 원형, 원본의 아우라를 회복하자는 것이 아니라, 기술복제시대가 조성한 새로운 환경에 대해서 주목한다. 이는 환등상幻燈商이 보여주는 상품의 물신화된 이미지 속에서 민중의 소망 이미지를 함께 발견하려는 것이다. 이러한 시도는 기술이 가진 양가적인 측면을 부각하는 것이며, 더 나아가 기술을 다각적으로 보게끔 만드는 효과를 가진다. 그의 이러한 관점은 스마트폰이 보이지 않는 것을 파괴하고 결국 외양과 볼거리로 이루어진 보이는 세계로 만드는 것이 가진 이중적인 성격을 드러낸다. 즉, 그것은 사람들을 물신화할 수도 있지만, 사람들의 관계 속에서 돌연 새로운 구원으로서 혁명의 메시지가 싹트게 할 계기가 될 수도 있는 것이다.

들뢰즈와 가타리는 『천 개의 고원』에서 '추상기계'라는 개념을 등장시킨다. 추상기계는 보이지 않는 영역에서 생성과 창조의 기계작동을 하는 것으로 생태, 생명, 생활, 공동체적 관계망 등이 여기에 해당한다. 추상기계와 구체적인 기계 간의 차이점은, 구체적인 기계가 하나의 모델이나 패턴에 의해서 반복되는 것이라면, 추상기계는 다양한 모델을 만들어낼 수 있는 메타 모델로서 의미를 가진다. 스마트폰의 경우 보이는 영역에서 외모와 외양, 볼거리에 착목하는 것은 자본주의적 모델화 경향에 포섭되는 경우에 해당하지만, 그 내부에 자본주의에 저항하며 생산적이고 창조적으로 기계를 사용할 수 있는 잠재성이 존재하는 것도 사실이다. 그러한 잠재성은 보이지 않는 영역에 있으며, 마치 『노자』(2006, 을유문화사)의 풀무에 대한 비유처럼 비어 있지만 그 속에서 새롭고 창의적인 것이 끊임없이 산출되는 생산과 창조의 영토일 수 있다.

스마트폰 사용자들은 시각적 이미지에 종속되어 있으며 자신조차 노출되고 보였을 때 의미가 발생한다고 생각한다. 그러한 스마트폰은 구체적인 기계장치여서 보이지 않는 영역에서 수많은 기계를 생산하고 창조하는 추상기계의 역할을 하지 못한다. 그러나 사람들 사이에서 연결망 자체는 추상기계의 성격을 가져서 그 속에서 새로운 창의적인 아이디어와 창조물이 나올 수 있는 잠재성으로 가득하다. 반대로 그러한 잠재성에 기반을 둔 생산적이고 창조적인 관계망이 아니라 외양적으로 잘나고 성공에 들떠 있고 자랑으로 가득 찬 채 물신화되고 전도된 인간관계가 주를 이룬다면, 스마트폰은 추상기계의 역할을 할 수 없다. 그것이 스마트폰이 무언가를 보여주기 위한 목적으로 사용되는 것이 아니라 보이지 않는 영역과 연결되기 위해서 사용되어야 하는 이유일 것이다.

스마트폰은 '고독을 잃어버린 시간'인가?

조지 오웰이 쓴 『1984』(2009, 문학동네)에는 사적인 영역이 완전히 사라져버린 투명한 유리 같은 상태가 된 전체

주의사회가 그려진다. 여기에 등장하는 빅 브라더Big Brother
는 정치사회적인 맥락에서 공적 영역이 사적 영역에 대해
서 무차별적인 감시를 한다면 어떤 일이 벌어질 것인가를
보여주는 이미지-개념이다. 스마트폰 사용은 보이지 않
는 영역의 종언, 또는 '고독을 잃어버린 시간'이라고 불릴
만큼 사적 영역에 대해서 공격적인 성향을 띤다.

스마트폰은 권력의 초코드화가 작동하기 위해서 모든
영역이 일단 코드화되어야 한다는 필요성을 충족시키는
측면이 있다. 여기서 초코드화는 처벌과 금기, 터부의 사
법적 질서를 의미하는 것이고, 코드화는 코드로 식별 가
능한 것으로 만드는 것을 의미한다. 들뢰즈와 가타리의
『천 개의 고원』에는 프라이버시에 대한 일정한 단상이 영
토라는 개념을 통해서 등장한다. 예를 들어 산에 깃발을
꽂으면 '나의 것'이라고 코드화되는데, 이 산과 저 산의
깃발 사이에 여백과 영토가 존재한다. 그래서 코드화로
는 달성될 수 없는 영역이 바로 영토이다. 스마트폰은 삶
의 영토를 모두 코드화하려는 의도를 가진 기계장치라 간
주될 수 있을 정도로 모든 것을 디지털코드에 기반을 둔
정보질서에 의존하게 만든다. 정보사회학에서 다루는 주
제 중 일부인 복합정보일수록 정보독점이나 권력의 작동
에 유리하고, 정보가 분산될수록 정보민주주의에 유리하
다는 점에 주목해야 할 것 같다. 스마트폰은 정보를 더 집

적시키고 축적시키는 설정으로 이루어졌으며, 사적인 영역에 대한 입체적인 정보를 보여주는 삶과 연동된 접속의 경로를 가졌다. 스마트폰에서 보이는 이 모든 현상은 사적 영역이 폐절되어야 할 것으로 보면서, 자신의 사적인 생활공간을 전무하게 만드는 노출증 상황으로 만든다.

개인정보에 대한 광범위한 프로파일링 작업은 모든 영역에서 이루어진다. 심지어 보험회사조차 전화 마케팅을 위해서 프로파일링 정보를 활용할 정도다. 권력에 의해 작동하는 자본과 국가는 사적인 영역을 소멸시킴으로써 개인적인 자유의지나 자율성에 의해서 결정할 수 있는 측면을 범주화해 선택에 따라 움직이는 자동주의 유형으로 바꾸어놓았다. 사람들은 스마트폰을 편리하게 사용하면서도 자신의 사적 영역이 사라지는 것이 바로 주권과 인권의 소멸이며 동시에 자율성의 상실이라는 점에 대해서 느끼지 못한다. 아주 옛날의 낭만적인 구전동화에서는 개인이 스스로 생각하고 고뇌해 자신의 자유의지로 결정하는 것이 가능했다. 그러나 이제는 누군가와 맺은 관계망과 네트워크를 분석해 그의 행동추이를 함수화하면 대부분의 결과값을 손에 쥘 수 있는 기계적 포섭 시대로 접어들었다. 이러한 사적 영역에 대한 프로파일링 정보는 권력이 머무는 곳에서는 공유되고 관리되어 스스로의 행동방향성과 자본화에 이용된다.

물론 민중이 사적 영역의 정보 중 어떤 것을 노출하고, 어떤 것을 비밀과 프라이버시 영역으로 지킬 것인가에 대해서 정보의 자기결정권을 가진다면 문제는 간단하다. 정보의 자기결정권 논의는 프라이버시 논의를 넘어 자기결정과 자율의 영역으로 정보를 선택하도록 만든다는 점에서 더 혁신적이다. 그러나 자신이 남긴 정보에 대한 결정권을 자기에게 귀속시키고 스스로 선택하고 결정하는 것이 가능한가에 대해서는 좀 더 면밀히 살펴보아야 할 것이다. 현대사회를 살아가는 사람들은 대량의 정보를 발생시키고 자신의 활동과 일에서 수많은 디지털 흔적들을 남긴다. 의식하지 않는다 할지라도 그것은 보이는 영역으로 나타날 수 있다. 자신의 디지털 흔적을 모두 지우거나 선택할 수 있는 사람은 흔치 않으므로 새로운 정보인권의 재구성에서 정보의 자기결정권은 매우 중요한 위치를 차지한다.

스마트폰이 매개하는 보이지 않는 권력과 욕망의 그물망

보이지 않게 작동하는 미시권력에 대해서 언급한 미셸 푸코는 감옥정보그룹에서의 활동을 기반으로 『감시와 처벌』이라는 저작을 발표했다. 그가 계보학적으로 추적한 바에 따르면 현재의 감시체제를 구상한 시원적인 철학에는 제레미 벤담의 원형감옥 모델이 있다. 그 설계에 따르면, 원형감옥 안에 중앙망루가 있고 그 망루는 어둡게 되어 있어 원형감옥에 갇힌 사람들은 망루 안이 보이지 않지만 늘 누군가가 보고 있다는 생각을 가진다. 이러한 원형감옥은 파놉티콘panopticon이라고 명명되어, 벤담의 공리주의 철학에 따라 공공의 안전과 행복을 위한 목적으로 설계된 것으로 알려져 있다. 파놉티콘 모델에서 시각적인 것은 곧 감시와 일치하는데, 이전의 훈육사회처럼 민중에게 체벌과 가혹행위를 통해서 권력을 각인하는 방식이 아니라 늘 권력의 통제와 시선하에 민중의 삶을 노출하는 것을 의미한다. 이러한 통제사회 모델에서 보이지 않는 권력은 삶과 신체, 정신세계에 각인되어 그것을 의식하면서 살아야 하는 상황을 조성한다.

푸코의 파놉티콘 같은 감시질서는 사이버 담론에서 다양한 의견을 낳았다. 마크 포스터는 『제2의 미디어 시대』(1998, 민음사)에서 인터넷 공간이 초파놉티콘super-panopticon의 감시질서로 나아가고 있다고 말하면서 비판적인 전망을 내놓은 바 있다. 즉, 보이지 않는 감시권력은 더 강력해졌고 우리 삶의 미세한 영역까지 들어와 있다는 것이다. 그러한 보이지 않는 미시권력에 대한 지적은 사이버공간이 약인지 독인지에 대해서조차 불분명하다는 자괴 섞인 목소리를 만들기도 했다. 물론 약간의 독극물은 약으로 작용할 수 있지만, 독이 미세한 신체와 생활세계 전부에 파고들면 그것은 독으로만 존재할 수밖에 없는 것도 사실이다. 이러한 보이지 않는 것의 소멸은 스마트폰으로 이행하면서 더 강력한 형태의 감시가 가능하다는 것을 보여준다. 자신이 무엇을 좋아하며, 현재 어디에 있고, 무엇을 하는지에 대한 추론이 모두 가능해진 상황이 되었기 때문이다. 스마트폰의 정보는 위치정보와 관계정보, 선택정보를 함께 복합적으로 가지기 때문에 아주 고급의 정보를 흔적으로 남긴다. 자본과 권력이 이를 이용하고 싶은 생각이 드는 것은 그들 입장에서는 당연한 것이며, 최근에 회자되는 빅데이터big-data 붐도 결국 이러한 경향을 달리 표현한 것에 불과하다.

미셸 푸코는 향후에 통제사회가 발전하면 어떤 모습일지에 대해서 『성의 역사』(2004, 나남출판)에서 언급했다. 그는 여기서 성性은 일반 사람들이 생각하는 억압가설과는 달리 권력의 그물망에 의해서 활성화된 상황이라 진단한다. 즉, 봉건제에서는 권력이 생살여탈권生殺與奪權을 점유하는 형태로 집행유예된 삶을 일반화했다면, 훈육사회에서는 강권과 억압, 규율에 따라 "죽일 수도 있으니 잘 살아라" 하는 방식의 죽음에 대한 위협과 두려움으로 살게 만들었다. 마지막으로 통제사회로 이행하면서, 문명의 내부에서는 더 잘 살게 하면서도 권력의 규칙에서 벗어나면 죽든지 살든지 방치하는 형태가 되었다. 여기서 미시권력은 권력자의 것도 아니고, 개인이 점유해 마음껏 휘두를 수도 없다. 통제사회의 특징은 기괴하기 짝이 없다. 보이지 않는 권력의 그물망 속에서 사람들은 스스로에게 자기착취와 자기규율을 행사해 그물망 외부의 배제된 사람이 되지 않으려고 안간힘을 쓰기 때문이다. 푸코가 바라본 통제사회 모델은 스마트폰이 아주 행복하고 안락한 삶을 유지하게 하지만 그것을 갖지 못하거나 그 외부에 있는 사람은 이 사회에서 완전히 배제된 사람이 될 것이라는 점을 분명히 보여준다. 그래서 스마트폰은 보이지 않는 권력의 미시그물망의 일부로서 작동하며 우리가 이 그물망 속에서 잘 살 수 있기 위한 보증수표와 같다. 이에 따라 푸코의 유명한 아포리즘인 "권력이 있는 곳에 저항이 있고, 저항이 있는 곳에 권력이 있다"라는 말처럼, 권력과 저항의 관계는 보다 복잡한 성격을 가지게 될 것이다. 그래서 스마트폰과 관련된 미시권력의 그물망을 통해서 외부에 있는 자, 배제된 자, 경계선에 서 있는 자에 대해서 언급할 수 있는 가능성도 탐색해볼 수 있다.

　미시권력에 대한 논의와 반대편에 있는 사람은 푸코와 감옥정보그룹 활동을 같이 한 펠릭스 가타리다. 그는 브라질을 여행하면서 대담한 내용을 담은 『미시정치』(2010,

도서출판 b)를 통해서 사랑과 욕망이 만들어내는 색다른 부드러움으로 미시정치를 해보자고 독자들에게 제안한다. 그러한 미시정치는 소수자들, 공동체들, 여성, 동성애자, 독립문화운동가들이 모여 그 내부에서 사랑과 욕망을 유통시켜 변화를 촉진하는 것을 의미한다. 여기서 사랑은 현학적인 사랑이나 신비화된 사랑이 아니라, 정서를 변화시킬 동물 되기, 식물 되기, 소수자 되기, 아이 되기 같은 신체변용 과정과 흐름을 의미한다. 이러한 사랑은 민중을 아주 독특하고 특이한 사람으로 재탄생하게 만들 것이며, 공동체와 집단 사이의 관계성숙과 변화가 뒤따를 것이라고 전망한다.

그의 미시정치에 대한 구상은 푸코처럼 미시권력의 그물망을 넘어선 새로운 가능성과 잠재성을 발견하고자 하는 시도로 보인다. 스마트폰을 그저 자신의 고정된 자리를 유지하면서 문화를 향유하는 것이 아니라, 특이한 것을 만들어낼 정도로 욕망을 생산하는 창조적인 것으로 사용하는 것이 가능하다는 것이 미시정치의 전략적인 구상이다. 현실의 변화가 시작되는 시점은 우리 자신이 배제된 자, 발언권 없는 자, 얼굴 없는 자, 생명 등에 대해서 사랑하며 집단적인 관계망을 만들어낼 때이다. 가타리의 주장은 푸코의 논의와 대립되는 것이 아니라 우리 사이에 작동할 수 있는 미시권력에 대해서 끊임없이 주의하고 신중하게 대처하면서 우리 사이의 관계를 이행시킬 사랑과 욕망의 그 물망을 만들어보자는 제안으로 읽힌다. 스마트폰은 자본과 국가의 권력화 수단이 될 수도 있지만 민중의 사랑과 욕망의 흐름을 유통시킬 그물망이 될 수도 있는 전망이 여기서 사유될 것이다.

그러나 스마트폰이, 사랑과 욕망이 가진 의미가 하나로 고정되지 않는 비표상적인 흐름의 성격을 충분히 표현할 수 있는가라는 점이 문제다. 들뢰즈는 말년에 『영화』(1996, 새길)라는 작업에서 가타리의 미시정치와 궤적을 달리하는 작업을 수행한 바 있다. 그러나 사랑과 욕망의 흐름을 이미지−영상의 흐름이 대신할 수는 없을 것이다. '너'와 '나' 사이에서 너도 아니고 나도 아닌 사랑과 욕망의 흐름이 발생되는 것으로 스마트폰이 사용된다는 것은 황홀하며 색다른 기계장치의 사용법이다. 스마트폰과 SNS를 사용하는 사람들은 이 글을 읽고 눈치챘겠지만, 스마트폰을 사랑과 욕망이 서식하는 기계장치로 사용하고자 하는 경우가 대부분이나 그런 의도와 무관하게 매번 권력과 기계적 틀에 사로잡히는 방향으로 나아가게 되는 것을 느낀다. 들뢰즈와 가타리가 함께 쓴 『앙띠 오이디푸스』에서의 '욕망하는 기계'라는 개념은 스마트폰이 욕망을 흐르게 하고 작동시킬 수 있다는 가능성을 담고 있다. 마치 아스팔트 사이 조그만 흙더미에 민들레 한 떨기가 피듯이 스마트폰이라는 전자적 기계장치 속에서도 사랑과 욕망의 그물망이 서식한다.

스마트폰이 미시권력의 기계장치인지, 사랑과 욕망의 색다른 부드러움으로 가득 찬 미시정치의 기계장치인지는 하나로 의미를 규정할 수 없다. 혁명전문가들의 세련된 혁명공식 역시 미시권력의 일종이었다는 것이 드러난 오늘날에 와서 사랑과 혁명은 동의어가 되었다. 어떤 사람이 스마트폰이라는 기계장치에서 놀라운 변화를 만들어갈 수 있는 것은 누군가를 사랑하기 때문이며 아주 독특한 것을 욕망하기 때문이다. 스마트폰은 억압에 저항하는 연대투쟁을 조직하고, 학생과 지식인과 소수자가 활동하는 데 있어 신진대사의 일부가 될 수 있으며, 완전히 새로운 방식으로 기능하고 작동할 수 있다. 그것은 우리 사이에서 늘 그래왔던 대로 작동하는 기계장치가 아니라 색다른 방식으로 분자혁명을 도모할 수 있는 기계장치가 될 수 있다는 점을 의미한다. 분자혁명은 아직까지 기억에 없던 무엇인가를 만드는 것을 의미하며, 그것은 관계의 획기적이고 돌이킬 수 없는 변화를 뜻한다. 스마트폰은 소비와 향유에 더 적합하게 만들어졌다는 한계에도 불구하고 섬광과 같은 주체성 생산의 가능성 속에 존재한다.

8장

당신은 이미 텍스트 왜곡현상에 빠져들어 있다!

비폭력 공감대화와 일관성의 구도

마셜 로젠버그의 『비폭력 대화』(2011, 한국NVC센터)에서
는 일상에서 평화의 언어를 통해 공감과 조화의 관계를
회복하는 대화방법이 서술되어 있다. 나 역시 비폭력 대
화와 관련된 워크숍과 세미나 등에 다녀온 친구들의 변화
된 모습에 놀랐다. 이 책은 비폭력 대화가 관찰, 느낌, 욕
구, 부탁이라는 네 가지 요소로 이루어졌다고 아주 이해
하기 쉽게 설명한다. 이 책에 따르면 우리는 대화를 시작
할 때 상대방에 대해 평가하는 경우가 많은데 그 대신 관
찰의 언어를 사용한다면 오해의 요소가 불식될 것이다.
예를 들어 "그는 늑장을 부려"라고 평가하는 말을 하는 것
이 아니라 "그는 시험 당일에만 공부를 하네"라고 한다면

가치나 평가가 들어가지 않은 관찰의 언어가 사용된 것이고 감정을 상할 일도 없다(p.59)는 것이다. 두 번째로, 대화를 할 때 자신의 느낌을 감추는 것이 아니라 표현하고 설명하면서 오해의 소지를 최소화하는 것이 필요하다. 세 번째로, 대화에서 자신을 탓하거나 상대방을 탓하면서 말과 행동의 원인을 찾으려는 것이 아니라 자신과 상대방의 느낌과 욕구를 인정하면서 대화를 한다면 왜곡과 굴절 요소는 사라질 것이다. 자신의 욕구와 상대방의 욕구가 소중하다는 것을 함께 인식하면서 신중하고 조심스럽게 그 욕구 간의 공존을 찾을 테니까 말이다. 네 번째로, 긍정적인 언어로 강요가 아닌 정중한 부탁을 하는 방법이다. 부탁은 명령 같은 권력의 배치에 의존하지 않는 자신의 존재를 긍정해달라는 신호라 할 수 있다.

비폭력 공감대화는 자신의 존재와 더불어 상대방의 존재를 존중하면서 상호긍정과 공감을 주고받는 대화방법이다. 서로의 느낌, 정동, 감정이 교차하면서 서로가 자신의 존재를 긍정하고 있다는 메시지를 들을 때 우리는 충만함과 평화로움을 느낀다. 서로를 공감한다는 것은 나와 너를 책임주체로서 온건히 인식하는 것에 머무는 것이 아니라 너와 나 사이에서 있을 색다른 스토리와 공감대가 만들어지는 정동의 흐름에 대해서도 주목하는 것이다. 우리가 공동체를 생각할 때 나와 너, 그의 다발이나 합으로

만 인식하는 경우도 있을 수 있는데, 이는 집단의 모델이 나와 너의 존재의 벽을 허무는 공감과 사랑의 흐름이 없는 경우이다. 학교, 군대, 감옥, 병원, 시설 등을 공리주의적으로 설계할 때 이러한 집단 모델이 수반되었다. 그러나 공동체는 책임주체로서 자아의 딱딱한 껍데기를 깨고 사람들 사이에서 부드러운 사랑과 욕망의 흐름이 생겨나 공감대를 형성한다.

이러한 공동체 내에서 흐름은 하나의 의미로 고정될 수 있는 것이 아니라 비표상적인 흐름의 성격을 가져서 '그것이 이것이다, 또는 저것이다'라고 규정하고 정의할 수 없다. 즉, '이것도 저것도 아닌 것'이 우리 사이에 등장하는 것이다. 이런 얘기를 하면 아카데미 학자들은 화를 낼 것이다. '책상은 책상이다'라고 해야 하는데, 이것일 수도 저것일 수도 있기 때문이다. 이처럼 의미를 고정시키는 고정관념의 생성이 바로 자본주의를 떠받치는 근간이다. 그렇게 함으로써 아카데미는 자본주의에 알게 모르게 복무하는 것이다. 반면 이것일 수도 있고 저것일 수도 있는 비표상적 사유형태는 자본주의를 뒤흔든다. 이러한 비표상적 사유형태는 아이들의 생각에서도 잘 드러나는데, 아이들은 자본주의를 유지하기 위해 주입된 고정관념으로부터 자유로워서 하나의 상황이나 사물을 여러 각도에서 볼 수 있다. 즉, 책상은 마법의 도구, 놀이터, 우주선, 수술

대 등으로 끊임없이 이행하고 횡단하고 변이한다. 공동체 내에서 공감대화는 대부분 이처럼 의미가 고정되지 않고 흔들리는 비표상적인 정동의 흐름을 전제로 한다. 그래서 우리는 네 것, 내 것을 따지는 소유권적 책임주체가 아닌, 너와 나 사이에서 만들어지는 정동과 사랑에 대해 더 주목해야 한다.

비폭력 공감대화의 방법이 더욱 고도화된다면 어떤 대화방식이 될 것인가? 거기에 대해서 언급한 책이 들뢰즈와 가타리의 『천 개의 고원』이다. 이 책에는 '일관성의 구도'plan de consistence라는 개념이 등장하는데, 워낙 난해한 개념이라 사람들은 이 개념에 가로막혀 책을 내려놓기도 한다. 사실 일관성의 구도는 비폭력 공감대화가 더욱 고도로 발전된 상황을 의미한다. 나는 일본의 광인자조光人自助 그룹이 협동조합을 만드는 과정에 대한 영상을 본 적이 있다. 영상의 내용 대부분은 정신질환자들이 모여서 대화하는 것으로 이루어진다. 그들은 어떤 결론을 향해 회의하는 것이 아니라 중언부언하면서 서로의 말에 대해서 영 딴소리를 하며 다양한 이야기들을 한다. 놀라운 것은 대부분 딴소리를 하는데도 마지막에는 회의에서 뭔가가 결정되었다고 말한다는 점이다. 이를테면 마당 청소에 대해서 회의를 하는데, 날씨 얘기며 건강 얘기며 텔레비전에 대한 얘기를 하면서 초점에서 벗어나지만 회의가 끝났을 때는 마당을 청소하기로 결정했다는 얘기를 한다. 들뢰즈와 가타리는 마치 정신질환자들의 대화법처럼 공동체 내의 일관성 있고 묘한 공감대에 기반을 둔 다채로운 이야기들이 자유롭게 오가는 것을 일관성의 구도라고 규정한다. 이러한 일관성의 구도는 비폭력 공감대화가 고도화되었을 때, 비록 언어상으로는 딴소리를 하더라도 서로의 비언어적 공감대로 인해 일관성을 가진다는 점을 말하는 것이다.

자본주의는 고정관념을 유지하고자 하는 속성이 강해서 언어적인 수단으로 모든 것을 합리적으로 판단할 수 있다는 방식으로 교육하고 사회를 조직한다. 그래서 이 사회구조를 유지하고자 하는 방식의 관료적 회의는 대부분 결과가 이미 나와 있는 회의이거나, 책임주체에게 책임을 역분하거나, 뻔한 이야기를 다시 반복하는 경우가 많다. 만약 이러한 관료주의 회의방식에 대해서 의문을 갖고 비폭력 공감대화나 일관성의 구도 같은 공동체적 질서를 그 내부에 도입하고자 한다면 당신은 그 조직구성원들로부터 다소 엉뚱하다는 반응을 얻을 것이다. 그러나 자본주의 역시 이미 관계망이 가진 시너지 효과에 대해서 주목하기 시작했다. 자본주의는 수평적 네트워크가 기능연관으로만 이루어진 관료조직을 넘어, 이질적인 것끼리 만나게 해서 서로 새로운 시너지 효과를 발휘하는 것에 대해 주목한다. 자본주의는 공동체적 관계망, 집단지성, 정동의 흐름 속에서 코드의 잉여가치라는 질적 착취양상을 발견하고자 하며, 브레인스토밍 회의법같이 엉뚱한 방향으로 나아가거나 편승하고 위트와 재치로 이루어진 대화를 공동체적 관계망의 비언어적 공감대와 무관하게 기술적으로 만들어보고자 하는 것이다.

이처럼 오늘날 자본은 공동체적 관계망을 흉내 내기 시작했는데, 그것은 관계를 소비하고 착취하기 위한 목적이 있다. 현대인은 스마트폰이라는 첨단기기를 사용하면서도 공동체적 관계망으로부터 분리되어 어떻게 대화해야 하는지 방법조차 잊어버렸다. 무척 외롭고 고독하며 상처받기 쉽고 불안정하고 피상적인 감정에 사로잡히기 쉬운 사람들은 대화를 하는 목적이 관계를 맺고 서로를 존중하며 우리 사이에서 만들어지는 새로운 사랑과 정동을 순환시키기 위함이라는 사실을 까맣게 잊어버렸다. 그래서 스마트폰을 사용하는 가장 발전된 인류가 가장 유아적인 방식으로 대화하며, 인류 역사상 가장 고립되고 현실을 살아가기 어려운 사람들이 서로 자기 탓, 남 탓을 하며 비난하는 상황이 연출된다. 그러나 우리는 공동체적 관계망의 공감대화가 가진 강력한 시너지 효과와 일관성의 구도, 평화의 언어를 회복함으로써 이러한 아수라장의 상황으로부터 벗어날 수 있는 해결의 단초를 발견할 수 있을 것이다.

오프라인이라고 불리는 사회적인 관계 속에서 사람들은 낯선 상대에 대해 최소한의 예의를 갖추거나 도덕적인 규범의 밖으로 향하는 행동을 조심하지만, 온라인에서는 윤리적이고 미학적인 가이드라인이 무너지는 경향이 있다. 그 이유는 온라인의 관계방식이 상대를 온전히 받아들이는 방식이 아니라 파편적이고 피상적인 일부만을 접근하기 때문이다. 어떤 사람을 규정할 때 우리는 하나의 측면으로 그 사람의 모든 복합적인 요소를 재단하거나 정의할 수 없다는 점을 안다. 내 친구 중에는 다른 사람에 대해서 평가하기를 좋아하는 사람이 있는데, 그가 평가하고 규정할 때는 재미있지만 대부분 그 평가가 부당하고 일면적이라는 것을 알기 때문에 실소한다. 어떤 하나의 측면으로 그 사람의 전부를 규정할 수는 없지만 약간의 특징을 부각할 수는 있을 것이다. 온라인 공간에서는 일면적인 접근이 대부분이고, 그것에 대해서 증후와 의혹과 혐의를 두어 파헤치거나 일면으로 모든 것이 판단되었다고 단언하고 선언하는 행위들이 횡행한다. 그러한 상황이 연출되는 이유는 온라인이 관계의 수단으로 삼는 것이 주로 '텍스트'이기 때문이기도 하다. 언어적 텍스트는 의미연관을 하나로 고정시켜서 일차원적으로 파악할 수 있도록 만든다. 그래서 소쉬르 같은 사람은 『일반언어학 강의』(1991, 민음사)에서 기표라는 개념으로 의미를 고정시키는 언어의 기능을 설명했다. 기표는 자본주의사회를 유지하는 고정관념과 사회적 규범을 그대로 담은 개념이다. '책상은 책상이다'라는 기표로 이루어진 질서는 책상과 다른 상품과의 등가교환의 기초가 될 수 있다. 라캉의 정신분석학은 이러한 고정관념인 기표가 기의에 도달하지 못하고 미끄러지면서 환유적인 연쇄를 보여주는 언어화된 무의식의 역동 과정을 그려낸다. 이러한 라캉의 기표의 자율성은 하나의 의미에 여전히 협착되고 고정되어 주변을 뱅뱅 도는 것 같은 예속 모델이다. 예를 들어 도둑이 경찰을 만나 이리저리 둘러대며 변명하는 것이 기표가 미끄러지는 상황이라 할 수 있다. 그런 의미에서 라캉은 자본주의의 고정관념의 주위에 예속된 언어화된 무의식을 과학적으로 그려내는 셈이다.

우리가 상대를 만나서 공감하고 배려하는 것은 언어적인 요소 때문만은 아니다. 사람이 얘기할 때 표정과 주위에서 들리는 찻물 끓는 소리, 배경으로 깔린 음악, 그 사람의 말이 가진 운과 톤, 박자, 어디에선가 풍겨오는 화장품 향기와 음식 냄새, 벽지의 배경 위에 질서 잡힌 색채와 배합, 그 사람이 말할 때의 손짓이 가진 연극성과 몸의 현상학 등이 화음처럼 어우러진다. 이 모든 것은 기표같이 언어화된 요소에 의해서 이루어지는 것이 아니라 비기표적인 기호에 의해서 구성된 것이다. 이러한 색채, 음향, 냄새, 몸짓, 표정 등과 하나로 어우러지고 함께할 때 우리는 공감대를 형성한다. 단지 언명만으로 합의를 이루거나 절차적인 정당성에 의해서 인정하는 등의 질서는 아주 부차적일 뿐이다. 기표로만 이루어진 온라인 질서는 이 모든 비기표적 요소를 가지지 않기 때문에 공감대 없는 대화를 한다. 물론 화상통화 같은 실험의 경우도 있지만, 화상 같은 영상과 이미지의 흐름이 사랑과 욕망의 흐름이 교차하는 비기표적 기호로 이루어진 공감대화에 근접할 수는 없다. 스마트폰을 통한 대화가 가진 한계는 명확한데도 사람들은 공동체와 접속하는 것보다 스마트폰으로 위생적으로 관계하는 것에 더 익숙해졌다. 그리고 공감 없는 텍스트 기반의 대화는 곧바로 블랙홀처럼 빨려드는 차별과 증오의 수단으로 바뀔 수도 있다.

공감 없이 서로 격리된 방에 두 죄수가 갇혀서 취조받는 모델을 제시한 사람은 존 내쉬다. 영화 〈뷰티풀 마인드〉를 통해 한국에 널리 소개된 그는, 암호해독 임무와 정신질환 등 인생의 굴곡과 편력으로도 잘 알려져 있다. 그의 첫 번째 논문에는 '죄수의 딜레마'와 '균형이론'이 나온다. 두 죄수가 서로 격리되어 가두어진 채로 '상대방이 자백했고 당신이 자백한다면 형량을 낮추어주겠다'라고 취조받는다면 결국 자백을 통해서 형량 감소를 추구하게 될 것이라는 게임적인 상황이 여기서 등장한다. 이것의 최선은 둘 다 자백을 안 하고 무죄방면 되는 것이겠지만, 결국 이기적인 동기에 의해서 둘 다 자백하게 될 것이라는 가정이다. 두 죄수의 딜레마 상황은 스마트폰이나 인터넷에서도 그대로 나타난다. 사람들은 죄수처럼 격리되어 있어서 최선의 방법보다 차선을 선택하는 것에 익숙하다. 최선은 직접 만나서 차를 마시고 얘기를 하며 우정으로 환대하는 것이겠지만, 차선은 자신의 고립된 공간 내부에 머문 채 게임과 같은 위생적인 대화를 즐기는 것이다. 이러한 폐쇄환경 유형에 있는 사람들의 대화법이나 행동양식은 펠릭스 가타리와 미셸 푸코 등이 주도한 감옥정보그룹이 주로 다룬 분야이기도 하다. 그러나 스마트폰을 사용하는 많은 사람들은 감옥에 있지 않으면서도 감옥에 있는 것 같은 커뮤니케이션 형태를 보일 때가 많다. 그것은 인터넷이나 스마트폰이 공감을 위한 소재의 일종이 아니라, 그것 아니고서는 대화가 불가능할 정도로 고립된 사람들의 대체수단이 되고 있다는 증거이다.

물론 격리공간의 대화방식은 정동情動이나 사랑 같은 느낌이 최소화하고 자신이 외롭고 고립된 것에 대한 분노와 화에 사로잡혀 공격 대상을 찾는 하이에나 같은 심리를 가진다. 인터넷 공간에서는 이질적인 타자나 약간의 흠이 있는 상대방에게 화를 내는 것처럼 악성댓글이 쓰이고 있지만, 사실은 자신이 고립되어 있다는 것에 대해서 지독히 화난 실존적인 위기를 표현하는 것이다. 내용과 표현이 다른 것은 모든 매체에서 기본적으로 나타나는 현상이다. 그래서 소수자와 사회적 약자에 대한 증오와 차별의 감정을 가지고, 자신과 다르고 이질적인 외국인이나 이주민들에 대해서 혐오하는 태도가 쉽게 눈에 띈다. 이러한 상황은 미시파시즘의 상황과 크게 다르지 않은데, 여기서 우리는 미시파시즘이 왜 발생했는가에 대해서 더 주목해야 할 것이다. 미시파시즘은 자연스러운 사냥본능 같은 것이 아니다. 그것은 자신의 욕망이 억압당하고 협착되는 예속인들의 절규와 아우성이라 할 수 있다. 욕망을 공동체 내부에 순환시키고 흐르게 해 공동체를 풍부하게 만드는 것이 아니라 공동체로부터 분리되어 욕망을 흐르게 할 수 없는 폐색閉塞과 협착狹窄에 이른 사람들은 절규와 비탄의 감정에 사로잡혀 오히려 자신의 욕망을 다른 방식으로 굴절시키고 왜곡시킨다. 그 방식으로 불쌍한 사람들을 짓밟고 비난하는 데 에너지를 쏟아붓는 것이다.

언어적 텍스트로 이루어진 네트워크가 공감대를 형성하는 데 한계를 가지는 것은 공감에 필요한 다양한 비기표적 구성 요소의 부재 때문이다. 사실 네트워크의 발생 시기 동안 이루어진 독특한 공감대는 디지털 코드라는 비밀언어를 사용하는 집단의 스타일과 취향, 기호, 생활방식 같은 비기표적 기호작용이 있었기 때문이다. 언어적 텍스트 기반의 대화가 가장 합리적인 방식으로 이루어질 것이라는 하버마스의 『의사소통행위이론』에서의 이상적이고 낭만적인 생각과는 달리, 온라인에서 주고받는 텍스트 기반의 대화법은 의미연관, 세계연관, 생활연관의 차원을 굴절시키고 공감으로 향하지 못하게 하는 상황을 보여준다. 이 때문에 언어를 통해서 새로운 이성을 구성하려는 합리주의적 시도는 대부분 온라인 공간의 행동역학을 설명할 수 없다는 한계를 가진다. 나는 온라인에서 논쟁을 하면서 감정의 골이 깊어져버린 친구를 길 가다가 우연히 만나게 되었다. 자판기 커피를 뽑아 들고 서로의 표정을 보면서 얘기해보니 사실 큰 오해도 아닌데 괜히 감정만 앞섰구나 하는 생각이 들어 서로를 바라보며 미소를 지었다. 직접 만나보면 별일도 아닌 것이 온라인 공간에서는 각자가 격리되고 고립되어 있기 때문에 자존심에 상처를 준다고 오해하기 쉽다. 온라인이 비난과 차별, 증오, 혐오발화의 공간이 되는 이유는 고립되고 격리된 죄수들처럼 자신의 상황에서 벗어나지 못한다는 자괴감과 좌절감 때문일지도 모른다. 온라인보다 자신의 가까운 곳에 손을 내밀어 공감대와 접촉경계면을 늘리는 것이 우선되어야 하는 이유는 그 때문이다.

경계를 넘어서는 것은 횡단적 의미와 같이 넘나드는 경우
도 있겠지만, 다른 한편 자신의 고정관념을 유지한 채 경
계선에서의 게임과 향유를 하는 수단이 될 수도 있다. 그
런 의미에서 다중인격화는 긍정적인 방향으로만 나아가
지 않을 수 있다. 보통 탈경계적 사유방식이 자신의 인식
과 존재의 지평을 넓히는 것으로 사고되는 경향이 있다.
그러한 이유는 경계가 사실은 고정관념을 의미하기 때문
이다. 자신의 접촉경계면을 늘려가면서 경계 너머에 있는
색다른 현실을 받아들인다면 사람들의 삶은 풍부해질 것
이다. 그러나 스마트폰 사용자들은 경계를 넘나들며 가로
지르는 색다른 횡단적인 상황을 맞이하는 것을 한편으로
좋아하지만, 그것을 향유와 소비의 차원으로만 여기곤 한
다. 향유의 문제점은 문화적이고 예술적인 결과물들을 자
신의 위치와 자리, 마음을 움직이지 않으면서 고정관념을
유지한 채 즐기려고만 한다는 것이다. 자신의 침실에서
다른 곳으로 갈 수 있다는 점은 매력적이다. 그래서 동화
중에서 「날으는 침대」라는 작품이 어린이들의 마음을 사
로잡았는지도 모른다. 그러나 낯선 현실에 대해서 자신의
신체와 마음을 변용하지 않으면서 그것을 살짝 훔쳐보려
고만 할 때 문제가 발생한다. 사실 그 사람은 경계 너머의

색다른 현실을 받아들일 준비가 되어 있지 않으며, 오히려 환등상 같은 진풍경에 대한 평가와 분석, 비판의 태도를 취하게 될 것이기 때문이다. 결국 환상을 횡단하는 것으로는 충분하지 않으며, 현실을 횡단할 만큼 변용을 해야 하는 것이 문제인 것이다. 환상의 횡단과 사랑의 횡단은 근대철학에서 스피노자와 홉스 간의 차이점을 구성하며, 그러한 전통이 현대에 와서 가타리와 라캉으로 대변되는 두 부류로 나뉘게 되었다. 우리는 텔레비전 채널을 돌리거나 스마트폰으로 서핑하면서 수많은 곳을 여행하고 있다는 착각을 할지도 모르는데, 사실은 정말 사랑해서 신체를 변용시키고 실천하고 횡단하는 것과는 완전히 다른 맥락을 가진다. 그래서 홉스는 『물체론』에서 이기적이고 서로 사랑할 수 없는 사람들이 환상의 구조물인 판타스마에 빠져든다고 서술한 것인지도 모른다.

스마트폰을 통해 접속하는 세상도 마찬가지로 사적 공간과 공적 공간, 공동체적 공간이라는 삼분할에 따른다. 우리가 사회를 판단할 때 이러한 삼원 다이어그램에 의해 그림을 그려볼 수 있으며, 중첩된 영역이 사회적 현실을 만든다. 이에 따라 소유권적 형태도 사유私有, 공유公有, 공유共有라는 세 가지 요소를 가진다. 속류 마르크스주의자들의 문제점은 공유公有인 국가 소유와 공유共有인 공동체 소유의 차이점을 분명히 하지 못하는 데서 발생한다. 삼원 구도는 심원한 것이어서, 논리학에 있어서 선언논법인 '그리고…… 그리고'의 논리 구조와 정언논법인 '나는 ~ 이다'의 논리 구조, 가언논법인 '~ 또는 ~'라는 논리 구조 간의 분할을 낳았다. 선언은 공유共有에 해당하며, 정언은 공유公有에 해당하고, 가언은 사적 소유에 해당한다. 이는 칸트의 정언명법과 가언명법, 그리고 숨은 전제로서 선언명법의 구도에서 나타나기도 했다. 들뢰즈와 가타리는 『앙띠 오이디푸스』에서 선언을 접속connection으로, 가언을 이접disjunction으로, 정언을 통접conjunction으로 표현하면서, 근대의 삼원 구도가 어떻게 작동하는지에 대해서 리비도 경제학의 관점에서 서술했다. 이를 해석하는 후대 사람들은 접속을 수평적 네트워크나 공동체와 비유하고, 이접을 차별이나 위계의 공간으로, 통접을 정체성과 책임이 분명한 공간인 군대, 감옥, 병원, 시설 등의 공간으로 비유하기도 했다.

그런데 스마트폰으로 접속하는 인터넷 공간에 대해서는 또 다른 사유가 필요하다. 우리는 사회적 관계망이라고 지칭할 때, 그것이 가깝지도 멀지도 않은 관계이면서도 낯선 사람들과의 접촉을 전제로 한 간間공동체적 관계를 떠올린다. 사람들은 지하철에서 온통 낯선 사람들뿐이지만 예의를 지키고 서로에게 배려하기 위해서 전화통화 소리를 낮추고 노인에게 자리를 양보한다. 도시라는 익명의 공간은 사회적 관계를 잘 보여주는 공간이기도 하다. 도시공간은 낯선 사람들과 장소를 횡단하면서 색다른 현실과 조우하고, 외부로부터 자신의 삶을 차이 나는 반복으로 만드는 공간이기도 하다. 그래서 도시에 사는 사람들은 무한한 접속 가능성을 가진다는 착각과 더불어 심리적 복잡성을 지니는 것이다.

반면 공동체적 공간은 면대면 관계이며 친밀하고 유대적이다. 공동체적 관계망은 정동이 흐르고 매우 가깝게 밀착해서 살 수밖에 없는 공간이다. 공동체적 공간에서의 삶이 차이 나는 반복을 통해 풍부해지기 위해서는 내부에서 특이성이 생산되어야 한다. 차이 나는 반복은 공동체로 하여금 상대방을 뻔한 사람으로 간주하는 것이 아니라 특이성을 생산할 잠재력을 가진 존재로 인정하는 것을 의미한다. 생태, 생명, 생활은 반복강박이 아니라 차이 나는 반복을 통해서 풍부한 화음을 가진다. 그러한 새로움은 사실 소수자라는 특이점으로부터 기인하며, 소수자의 현존은 소수자 되기의 흐름을 만들어 공동체를 풍부하게 만든다. 그래서 어린이, 광인, 동물, 노인, 여성 등 소수자는 공동체를 풍부하게 만드는 주체들이며, 소수자 되기의 흐름은 공동체의 순환과 재생의 원천이라 할 수 있다.

여기서 우리는 스마트폰을 통해 접속하는 공간의 이중성에 대해서 눈치챌 것이다. 스마트폰의 SNS나 인터넷 공간은 사회적 공간의 낯선 사람들과의 관계속성을 가지면서도 공동체적 관계망의 친밀성과 유대성의 속성을 동시에 지닌다. 물론 도시공간이 익명성의 속성을 가진다는 점에서 사회적 공간의 속성이 더 많다고도 표현할 수 있다. 그러나 공동체적 공간처럼 대면적 관계가 아니라 비대면적 관계라는 점에서 친밀성의 한계가 있으며, 낯선 사람들과의 관계에서 예의를 갖추는 것이 아니라 오히려 비대면적 관계라는 점에서 마치 감정과 느낌이 없는 사물처럼 상대방을 생각할 위험도 존재한다. 사회적 관계와 공동체적 관계 사이에서 새롭게 등장한 네트워크적 관계망을 어떻게 바라봐야 하는지에 대해서는 여전히 논란을 안고 있다. 들뢰즈와 가타리는 『천 개의 고원』에서 노마드 nomad라는 외재성의 전략에 대해서 언급한다. 외재성에 따르면 마치 도시 사회처럼 낯선 사람과의 마주침이나 이질적인 장소와의 접속을 통해서 자원, 에너지, 화폐를 외부로부터 수혈받는 것도 생각할 수 있다. 그러나 공동체는 특이성 생산을 통해서 풍부해질 수 있는 내재성의 구도 속에서 새로움을 스스로 만들 능력이 있다. 네트워크적 관계망은 외재성과 내재성을 둘 다 가진 것을 특징으로 한다. 가상적 커뮤니티들이 가진 내재성과 외재성의 이중성으로 인해 낯선 외부현실과의 조우를 통해서 '차이 나는 반복'이라는 색다른 기계작동을 할 수도 있으며, 커뮤니티 내부의 특이성 생산을 통해서 '차이 나는 반복'을 이룰 수도 있다. 이러한 두 가지 방향은 서로 충돌하는 것이 아니다. 스피노자는 『에티카』에서 '여백과 우발성의 세계관'과 '특이성 생산의 세계관'을 동시에 보여주었다. 이에 대해서는 루이 알튀세르의 『철학과 맑스주의』(1996, 새길)에서 '우발성의 유물론'에 대한 논의와 가타리의 『카오스모제』에서 '주체성 생산' 논의에서 각각 서술되어 있다.

　다시 스마트폰의 공적 공간과 사적 공간의 문제로 돌아가볼까 한다. 스마트폰의 공적 공간과 사적 공간의 무경계화는 심각한 문제를 불러온다. 일단 홀로 있을 권리인 프라이버시 침해는 말할 것도 없고 사생활 자체가 완전히 파탄 나는 경우까지 불러왔다. 사이버-파시스트들은 개인의 신상을 함부로 공개할 뿐만 아니라 악성댓글 등을 통해서 무차별적으로 개인의 인격과 존엄을 파괴하기도 한다. 사이버공간에 널린 신상정보와 관련된 고급정보들은 수집되어 프로파일링될 수 있으며, 개인의 주소, 전화번호, 사적 신상정보와 친구가 누구인지 등과 관련된 복합정보를 취득할 수 있는 상황이 되었다. 이러한 점에서 사이버상의 공적 영역은 사적 존엄과 인격을 보호하는 공공성을 가지지 못하고, 공공성 자체를 끊임없이 후퇴시켜온 과정이라 평가할 수 있다. 또한 사적 공간에서의 언어와 행동을 무차별적으로 공적 공간에 노출해 공공의 윤리와 미학이 침해되는 경우가 허다하다. 이를테면 악성댓글 같은 영역은 자신이 익명이라는 점을 이용해 상대방에 대한 존중과 배려를 완전히 무시한 채, 마치 낯선 사물이나 괴물처럼 보는 관점을 드러낸다. 자신이 아는 정보가 일면적이라는 한계를 받아들이지 못하고 상대방이 생활세계에서 풍부한 내재성을 가지리라는 점을 바라보지 못한 채 표현의 자유를 가장해 비난하고 비판하는 것은 사적 공간으로부터의 공적 공간에 대한 침해라고 할 수 있다. 이러한 공적 공간에서 사적 공간으로의 침해, 또는 사적 공간에서 공적 공간으로의 침해는 두 경계가 극도로 모호해지는 상황을 반증한다. 이제 개인이 침실에서 스마트폰으로 어떻게 행동하는가의 여부는 지극히 사적이면서도 동시에 공적이라는 양가적인 성격을 가진다. 이러한 점은 시민단체의 퇴조나 공동체적 관계망에 대한 시대적 요청과 궤도를 같이한다.

정치에서의 통섭通涉과 융복합convergence에 대한 논의가 활성화되고 있으며, 이는 공적 공간과 사적 공간, 공동체적 공간의 융합과 횡단의 문제이고, 사회적 관계망과 공동체적 관계망 사이에서 네트워크적 관계망이 발생하면서 더 심층적인 접근을 필요로 하는 상황이 되었다. 물론 많은 부작용과 폐해에도 불구하고 융복합과 횡단은 무수한 장점을 가진다. 이를테면 정보접근권이나 자유로운 이용권에서 색다른 가능성을 가진다. 스마트폰이 활발하게 대중화되던 시점에 논의되었던 빅데이터에 대한 공유재화의 가능성에 대한 논의는 이러한 맥락에서 의미가 있다. 오늘날은 많은 사회적 문제들이 단순히 사적인 책임 여부나 개인의 선택 또는 공공성에 대한 요청으로 해결될 수 없는 복잡하고 융복합적인 모습을 보이는 시점이다. 이런 점에서 현실을 횡단하고 가로지르고 유형과 무형의 세계를 통섭적으로 파악하는 실천과 윤리가 필요하다. 스마트폰을 도구나 수단으로만 볼 것이 아니라 그것에 어떻게 새로운 가치와 윤리를 담아낼 것인가 고민해야 한다.

악성댓글의 기호론

스마트폰의 비대면 관계는 낯선 인터넷 공간을 항해하면서 새로운 삶의 소재로 낯섦을 받아들이는 것으로 추앙되었다. 그러나 그 낯선 상대방과의 비대면적인 관계는 보이지 않는 것이다 보니, 상대방이 실제로 어떻게 느끼고 생각하고 감응할 것인지가 포착되지 않는다는 점이 문제다. 마르크스는 『자본론』에서 상품물신성에 대해서 언급했다. 인간과 인간의 관계가 마치 사물과 사물의 관계로 전도되어 나타나는 현상이 그것인데, 이러한 사물화현상이 나타나는 것은 비단 상품만으로 한정되지 않고 사회 전반적인 구조에도 침투해온다. 루카치가 『역사와 계급의식』(1999, 거름)에서 지적한 프롤레타리아 계급의식 문제나 프랑크푸르트학파의 사물화 테제가 바로 그러한 맥락의 연장선에서 논의되었다. 특히 사회적 관계 속에서 사물화는 관료화된 시스템만의 문제가 아니라 분자화된 인간관계 전반에 침투해 있으며, 곳곳에서 상대방을 마치 물건처럼 평가하고 존엄한 인격체로 바라보지 않는다. 그래서 사회 일각에서의 생명권 논의는 생명의 존엄까지도 침해하기 시작한 사물화현상에 맞서기 위한 사회적 의제라고 할 수 있다. 스마트폰에서 비록 비대면의 관계지만 분명히 실존하는 상대에 대해서 긍정하고 그의 인격과 존엄, 감정을 살피는 공감대화를 하는 경우도 있지만, 비대면 관계인 점을 이용해 마치 사물이나 물건처럼 대하고 비난하며 공격하는 경우도 종종 있다. 하물며 물건이라도 아끼며 소중히 여겨야 할 판에, 보이지 않지만 실존하는 사람들에 대해서 증오와 차별의 잣대를 들이대는 것은 곧바로 자신의 인격과 자존감을 무너뜨리는 결과를 불러오기도 한다. 상대방에 대한 공격과 증오는 자신의 자존감과 자신감이 상대방을 똑바로 보고 얘기할 수 없는 상황일 때 더 극단적인 형태로 나타난다. 사실 윤리적인 문제에서 보이지 않는 것에 대한 윤리는 더 전면화되어 있다.

마치 우리가 보이지 않는 공기를 환경윤리의 테마로 삼듯이 스마트폰에서 접속해 만나는 보이지 않는 사람들을 색다른 윤리적이고 미학적인 주제로 삼아야 할 시기이다.

　스마트폰에서의 굴절되고 왜곡된 대화의 기호방식을 살펴보면, 대부분 고정관념인 기표에 사로잡힌 사람들이 악성댓글에 참여하는 것을 알 수 있다. 라캉의 경우 기표를 '의미화하는 것'으로 기의는 '의미화된 것'으로 정의하면서, 의미를 고정시킬 때 기표와 기의가 작동하는 것을 보여주었다. 라캉의 기표/기의에 대한 정의가 있기 전 소쉬르는 『일반언어학 강의』에서 청각영상을 기표로, 개념을 기의로 보았다. 오늘날 기표는 문법화되고 현존 문명에서 통용되는 고정관념으로 이루어져 있다고 볼 수 있다. 예를 들어 '책상은 책상이다'라는 기표는, 책상이 공동체의 배치 속에서 책상이 아닌 다른 것으로 규정되고 나아가 내 것도 네 것도 아닌 것, 즉 너와 나라는 고정관념으로부터 벗어난 너와 나 사이에서의 기호-흐름이 발생되어 공통의 것을 만들 가능성에 대해서 바라보지 못한다. 그래서 들뢰즈와 가타리는 『앙띠 오이디푸스』에서 기표독재체제라는 개념을 사용해 자본주의가 고정관념을 유지하고 재생산하기 위해서 기표와 아카데미를 통해서 움직이며, 이것은 공동체를 와해시키고 등가교환이나 소유권이 가능한 시스템을 만들기 위함이라는 점을 지적했다. 스마트폰에서는 남성–정상인–애국자–성인–자국민 등의 주류질서를 옹호하는 기표체제가 등장해 여성–장애인–광인–아이–이주민 등에 대한 비판과 적의를 드러낸다.

스마트폰에서의 기호질서는 마치 언어의 마법사처럼 기표가 자율성을 갖고 움직이는 것처럼 보이지만 사실 고정된 의미와 고정관념 속에서 움직이는 것에 불과하다. 어떤 사람들은 이러한 언어 게임이나 '악플'을 놀이로 받아들여 기표를 굴절시키고 미끄러지게 하는 데 새로움을 부여하는 경우도 있다. 그러나 대부분 이러한 악플러들은 고정관념에 사로잡혀 지극히 자유롭지 못한 사람들에 불과하며, 자신의 부자연스럽고 예속된 관념을 언어놀이를 통해 해소하려는 억압된 자신에 대해서 대리충족적인 만족을 추구하는 데 머문다. 라캉은 기표의 자율성에 대해 주목하며 아버지의 사법적 질서인 상징계가 유연하게 되는 국면에 대해서 사고했다. 이것은 탈근대자본주의가 보여주는 분자적인 억압이나 미시파시즘 상황을 의미할 뿐이며, 지배 상징질서의 유연화와 자율성이 가진 억압적 효과를 찬양한 것에 불과하다. 스마트폰 세상에서는 잘 드러나지 않지만 아이, 이주민, 광인, 소수자, 여성 등의 발언권이 없는 사람들의 웅성거림과 소음, 잡음 같은 영역이 존재한다. 이들은 단지 기표를 미끄러지게 하는 것이 아니라 기표와 다른 기호질서를 통해서 의미를 전달하는 방향으로 나아간다. 그것이 바로 소수자의 삶의 현장에서 작동하는 음향, 색채, 향기, 몸짓 같은 비기표적 기호작용들이다. 예를 들어 정신지체장애인의 경우, 자신의 의미와 뜻을 전달할 때 대부분 몸짓 같은 비기표적 기호를 사용할 것이기 때문이다. 그러나 스마트폰에서 기표를 자유자재로 움직이고 활용하는 사람들은 자신이 가진 자유로움을 도리어 기표와 다른 질서를 가진 사람들을 증오하고 차별하는 데 사용하는 경우가 있다. 이러한 점에서 기표질서는 고정관념일 뿐만 아니라 미시권력이라 할 수 있다.

여기서 질문이 생긴다. '기표란 과연 무엇인가?'라는 지점이다. 기표는 변화를 인정하지 않는 고정관념이며, 의미화의 질서이다. 여기서 의미화는 단순히 일어나지 않는다. 사람들은 자신이 의미를 획득하고 생산할 때 그것에 가치를 부여하지만, 사실 의미는 권력이다. 가타리의 예에 따르면 의미는 소수자와 생명을 권력의 시선으로 보고 자신의 가치에 기입하고 등록하고자 할 때 작동하는 메커니즘이다. 결국 의미화의 질서를 통해서, 스마트폰을 통해서 소통과 대화를 하려는 목적을 가진 순간 우리는 이미 미시권력이라는 질서의 상단이 되고 싶은 욕구를 느낀다. 그래서 무의미로 간주되었던 많은 사건과 인물들이 가진 기호작동에 대해서 살펴보아야 하는 것이다. 스마트폰은 언어 사용이 원활한 사람들에게 지나치게 유리하게 되어 있고, 의미화된 질서에 편입된 사람들을 위해서 설계된 구도를 보인다. 그래서 많은 사람들이 결국 의미화의 질서에 투항해서 오히려 예속을 욕망하는 굴절된 무의식을 향해 달려간다. 그것을 의미화의 터널이라 규정할 수도 있으며, 악플러들은 의미 생산의 미시권력으로 나아간 굴절되고 왜곡된 무의식이 여과 없이 드러나는 경우라고 할 수 있다. 그러나 네트워크의 본래 의미로 돌아갈 때 네트워크는 의미의 고정점이나 고정관념이 아니라, 다의미적이고 다중심적인 관계망의 개방이라는 측면을 가진다. 동시에 의미화와 구분되는 언어화 전략을 소수자들이 채택하고 있다는 점도 유의해야 할 것이다. 그런 점에서 네트워크는 고정관념과 권력에 의한 증오행동과 다의미적인 사랑행동 간의 전쟁이 끊임없이 지속되는 곳이다.

스마트폰이 접속하고 있는 네트워크와 SNS는 차이와 다양성에 의해 구성된 다의미적인 지평을 의미한다. 이 속에는 주체와 객체, 행위자와 대상의 이분법이 아니라 관계성좌에 의해서 움직이며 사유하는 색다른 질서가 있다. 보통의 경우 자본주의는 차이와 다양성으로 이루어진 네트워크와 공동체에 대해 차별을 통해서 고정관념을 심어주기를 원한다. 자본주의의 의미질서는 다의미적인 네트워크 관계망에 대해서 위계와 차별을 부여하는데, 여기에 나이, 성별, 장애 여부, 출신 지역 등에 대한 코드가 동원된다. 이를 통해 차별에 의해서 다시 편편하게 만들어진 것만을 받아들이고, 다양성과 차이가 만든 다의미적인 질서의 역동성을 사라지게 하려는 것이다. 스마트폰을 통해 접속하는 다의미적인 질서는 의미를 하나로 고정할 수 없으며, 개인이나 집단이 의미화를 통해서 권력화할 수 없는 성격을 띤다. 다양한 사람들이 만나고 어울리고 함께하면서 다가치적이고 다중심적인 의미질서들이 교차하고 융합된다. 그래서 '네트워크는 이것이다'라고 정의하고 의미화할 것이 아니라 그 복잡계 속에서 함께 서식하고 꿈꾸고 즐기는 것으로 나아가야 한다. 악플러들은 자본주의질서처럼 자신의 고정관념을 유지하기 위해서 또는 확대하고 인정받기 위해서 네트워크의 관계성좌에다가 차별과 위계를 부여하는 사람들이다. 그래서 사랑의 관계망보다 증오의 관계망이, 자유보다 고정관념이 세상을 지배한다고 주장하면서 그것을 합리화한다. 악플러들은 스마트폰이 자신의 호주머니 속에 있듯이 세상의 원리가 자기중심적으로 움직인다고 착각하며 떼를 이루어 비겁하게 편승한다. 그러나 스마트폰 세상은 관계성좌처럼 은하수의 별자리 모양으로 다양한 배치와 관계망이 어우러진 다의미적 질서로 진입하고 있다. 그러한 관계성좌의 섭동작용들은 이러한 증오와 차별의 논리를 스스로 정화하는 능력을 가지는데, 무엇보다도 악플러들을 누구도 상대하지 않는다는 점이다. 그래서 그들은 고립되고 더욱 더 자기중심적인 의미화를 시도하는지도 모르겠다.

폭력과 비난으로 가득 찬 스마트폰인가?

앞서 말한 스마트폰을 통해서 접속하는 관계성좌는 어떤 의미의 고정점에 의해서 작동되는 것이 아니라 다의미적인 것들이 비의미적, 비표상적인 작동을 통해서 움직이는 것으로 사고되어야 한다. 이를테면 사랑이나 변용은 너와 나 사이에서의 느낌과 정동의 흐름이며, 그것이 무엇이라고 의미를 고정시키고 정의 내릴 수 없는 것이다. 스마트폰의 관계성좌에서는 그러한 보이지 않는 느낌의 일부가 언어화되고 영상화되어 유통된다. 이러한 돌봄효과는 스마트폰 없이는 고립될 수밖에 없는 현대인들의 안식처이자 피난처 역할을 한다. 그러나 아무도 자신에 대해서 주목하지 않고 자존감이 극도로 낮은 사람들에게 스마트폰 세상에서 인정받고 싶은 욕구가 증오와 차별의 언어로 나타나는 경우가 있다. 결국 미시파시스트들도 욕망과 사랑을 달성하지 못하고 내적으로 억압된 사람들이라 할 수 있다. 해법은 사랑의 관계망에 달려 있으며, 네트워크가 영성적, 정서적, 심리적 지지대로서 역할을 할 수 있도록 보이지 않는 노력을 하는 다양한 시도들에 있다.

스마트폰을 통해서 색다른 관계를 맺으려고 시도하는 사람들의 대부분은 자본주의의 일상이 가진 고정관념에 갇혀 비루한 일상으로부터 벗어나기 위한 낯섦과 새로움의 공간을 상상한다. 그러나 가장 가까이에 있는 사람들과 색다른 현실을 끊임없이 만들어나갈 때 삶이 진정 새로운 지평을 향한 차이 나는 반복으로 나아갈 가능성이 높아진다. 물론 스마트폰 세상이 만든 낯설면서도 친밀한 이중적 관계는 사회와 공동체 이외의 색다른 관계망의 가능성을 의미하기도 한다. 스마트폰을 통해서 낯선 사람과 접속했을 때 사람들은 이것을 타자화해 사물화할 것인가 아니면 자신의 삶을 풍부하게 만들 새로운 소재로 삼을 것인가 하는 선택의 순간에 놓인다. 자본주의를 받아들이는 대부분의 사람들은 자신과는 다른 사람을 고정관념이나 선입견을 통해서 봄으로써 타자화하고 차별하는 방식으로 나아가기 쉽다. 그래서 그것이 가진 진정한 잠재력이나 다채로움과 접속하는 것이 아니라 차별과 배제의 언어를 통해 자신으로부터 타자를 밀어내버리는 것이다. 이러한 지점에서 스마트폰이 가진 낯섦을 색다름으로 만들고자 하는 시도 자체가 좌절되며, 마치 가전제품의 하나처럼 사용되는 순간이 온다. 일종의 외로움을 달래고 분이나 화를 풀기 위한 일회용 공간이나 배설구가 되는 것이다.

그러나 스마트폰을 통해서 삶을 새롭게 살아가고자 하는 욕망을 가진 사람들이라면 관계 맺기의 색다른 방식을 꿈꾸고 그것이 자신의 다른 면모를 발견하는 잠재성의 공간이기를 원한다. 은하성좌의 별자리에서 하나의 별이 되어 깜빡이고 싶다는 욕망처럼 무수한 별들의 섭동과 윤회의 일부가 될 때, 자신의 빛도 한데 어우러져 아름다워질 수 있다. 결국 스마트폰이 만든 관계망이 삶의 잠재력과 풍부화의 소재로 사용됐을 때, 반복강박의 기계mechanics가 아닌 차이 나는 반복의 기계machine가 되어 세계의 재창조적 역할을 할 수도 있을 것이다. 스피노자는 『에티카』에서 증오도 사랑으로 돌연 전환될 수 있는 가능성에 대해서 일갈하지 않았던가.

9장

스마트폰은 열린 기계인가?
코드화되고 닫힌 기계인가?

스마트폰과 오픈소스운동

오픈소스운동은 운영체계0.S나 프로그램에 사용되는 소스코드를 공개하고 그것의 자유로운 이용과 공유를 통해 다채롭고 건강한 정보의 생태계를 구성하고 있다. 1980년대 리처드 스톨만은 해커 공동체를 구성해 자유로운 정보유통을 방해하는 상업소프트웨어에 맞서기 위해서 자유소프트웨어재단을 설립했다. 해커 공동체의 영향하에 있던 자유소프트웨어재단은 정보의 독점을 막고 적극적인 소프트웨어 공유를 주장하면서, 마르크스의 공산주의 이론과 사뭇 유사한 인식의 지평을 보여주었다. 자유소프트웨어재단은 당시 상업소프트웨어였던 유닉스Unix에 맞서기 위한 색다른 프로그램과 운영체제를 고민했지만, 전반적인 흐름이 상업소프트웨어로 기울어지는 것을 느끼고 잠시 동안 고립되고 침잠했다. 이러한 상황은 1980년대 중반까지 계속되었으며, 자유소프트웨어운동의 극적인 전환인 오픈소스운동으로의 변화가 찾아온다. 즉, 그는 라이선스License의 획기적인 변화 중 하나인 상용 서비스 원칙과 자유소프트웨어의 중간 정도에 위치하는 그누Gnu 라이선스를 선보였다.

1985년 이후 거대 컴퓨터 시스템에서 퍼스널컴퓨터로 이행하던 시기, 유닉스를 통합적으로 운영하는 자유소프트웨어를 개발하려던 스톨만의 당초 계획과 달리 새로운 국면이 찾아왔다. 마이크로소프트사가 퍼스널컴퓨터의 강자로 부상한 것이다. 1990년대 초 점차 고립되어가던 스톨만에게 혜성처럼 나타난 스웨덴 헬싱키의 젊은이 리누스 토발즈는 그동안 오픈소스 진영이 풀지 못했던 핵심 장치인 리눅스 커널Linux Kernel을 들고 왔다. 하드웨어와 소프트웨어를 연결하는 핵심 장치 중 하나로, 리눅스 프로그램의 작동과 관련된 커널에 그누라이선스가 부여되면서 리눅스가 탄생하게 된다.

리눅스의 등장은 오픈소스 진영에게는 완전한 전환점이었다. 수많은 프로그래머들이 리눅스 개발에 공동참여했는데, 무엇보다도 자신이 쓸 수 있는 소프트웨어를 만들기 위한 욕구로부터 출발해서 자발적으로 프로그램을 만들기 시작했다. 거기다가 많은 프로그래머들이 기존에 만들어진 프로그램을 수정하거나 덧붙여서 완성도를 강화했다. 리눅스는 소스코드가 공유재라는 시각을 심어주었으며 창조적 공유의 관점을 만들어냈다. 그리고 초기에 상존했던 해커 공동체와 자유소프트웨어 간의 결합을 벗어나 보다 집단적인 협력과 공유를 통해 업그레이드된 운영체제로 나아갔다는 점에 의미가 있다. 집단지성의 원동력에 의해서 오픈소스운동이 이루어진 것이다. 오픈소스운동은 리눅스의 등장 이래로 위키피디아 백과사전의 등장으로 표현되는 오픈콘텐츠운동이 발아하면서 집단지성에 입각한 창조적 공유운동이 더 풍부해졌으며, 이어 소스코드와 관련된 라이선스를 다양하게 선보이면서 아파치Apache, 모질라Mozilla 등의 라이선스도 속속들이 등장했다. 이처럼 오픈소스운동은 정보 코드를 하나의 생태계처럼 구성했다는 데 의미를 가진다.

현재 농업 분야에서 쟁점이 되고 있는 종자주권 문제 역시 오픈소스 정신과 밀접한 관련을 가진다. 예를 들어 다국적농업기업이 종자에 대한 농민의 권리를 사유화해서 종자에 대해 저작권을 부여할 때, 오픈소스의 정신이 필요한 곳은 단지 디지털 영역만이 아니라는 사실을 새삼 깨닫는다. 카길이나 몬산토 같은 다국적농업기업들은 1세대에서 우성이며 2세대에서 열성인 F1종자나 자기 회사의 농약과 비료를 쓰지 않으면 싹이 나지 않는 트레일러 종자, 채종이 아예 안 되는 터미네이터 종자 등을 통해 종자의 저작권을 독점함으로써 농민의 권리를 위협한다. 이러한 다국적기업의 종자권리에 대한 독점은 농민들이 종자를 공유하면서 생태계를 다양하게 만들 수 있는 가능성을 완전히 사라지게 만들 것이다. 하물며 소스코드의 공유는 말할 것도 없다. 지식과 정보가 독점되어 소수 기업의 이익에 복무하는 것이 아니라, 수많은 사람들의 손을 타고 더 풍부해질 수 있다는 점이 오픈소스운동에서 드러난다. 본래 생태계는 연기성緣起性, 다양성, 창발성, 순환성을 특징으로 한다. 이러한 원칙에 따라 정보생태계가 일단 구성되면 자기생산성에 입각해 재생하고 순환하면서 발전되는 것이다.

난데없이 리눅스와 오픈소스운동에 대한 이야기부터 꺼낸 이유는, 스마트폰의 절반 이상을 점유한 안드로이드폰의 기본 정신이 바로 오픈소스운동에서 비롯되었기 때문이다. '인조인간'을 의미하는 안드로이드는 스마트폰 운영체제에서 오픈소스 기반의 독자적인 영역을 구성한다. 구글은 안드로이드를 인수하면서 오픈소스가 가진 정보생태계의 특징을 십분 살리고자 노력했다. 현재 소스코드의 상황은 어떤 천재적인 사람이 새로운 코드 기반을 만들어낼 수 있는 것이 아니라, 다양한 사람들이 참여하고 공유해서 기존 코드에 업데이트함으로써 새로운 것을 만들어내는 성숙기에 도달했다. 그래서 어떤 사람이 독자적인 아이디어를 가지고 소프트웨어의 상용화를 달성할 수 있는 것이 아니라 70~80퍼센트 정도를 만들어놓고 오픈하면 나머지를 프로그래머들이 만들어내서 120퍼센트 이상의 부수적인 시너지 효과를 내는 구도다. 그래서 코드의 생태계에서는 이미 독점과 사적 소유를 통해서 작동하던 방식이 불식되었으며, 기업조차 오픈소스 기반의 프로그램을 주목하는 상황이다.

일단 코드의 생태계가 구성되면 판매와 제작, 소비 등이 재생하고 순환하면서 이루어진다. 그것은 자율적인 행동의 방향을 따르며, 어떤 한 사람의 기획에 의해서 완전히 다른 방향으로 나아가는 것이 불가능해졌고, 많은 사람들의 협동과 창조에 의해서 코드가 유통되고 생산된다. 이런 오픈소스 생태계에 대해 혹자는 어떻게 수익 모델이 만들어질 수 있는가 반문할지도 모른다. 예를 들어 리눅스는 소스코드에 대한 공개와 공유를 원칙으로 하되 제품화하면 일정 금액을 소비자가 지불해 쓰게 디자인되어 있다. 이는 그누라는 라이선스의 정신에 입각한 것이다. 이러한 방식으로 인해, 오픈소스는 수익 모델이 완전히 불가능하다는 잘못된 선입견이 통하지 않는다.

2000년대 초 오픈소스운동의 컨퍼런스 과정에서 오픈

콜라라는 제품이 선을 보였다. 코카콜라가 자신의 비법을 공개하지 않고 계속적으로 영업을 하는 데 대한 반기로 오픈콜라의 제조법이 완전히 공개되었다. 일종의 퍼포먼스 같은 이러한 활동은 기업활동의 방향성에 대한 문제제기이기도 하다. 어떤 요리사가 아주 맛있는 음식을 선보인다면 우리는 그 레시피에 대해서 궁금할 수밖에 없다. 만약 레시피가 공개된다면, 그 기업의 생명이 사라지는 것이 아니라 많은 사람들이 그 맛을 일상적으로 느낄 수 있는 계기가 될 것이다. 어떤 사람은 소스를 공개해도 기업활동이 된다는 사실에 대해 의구심을 버리지 못하고, 결국 경쟁에서 뒤처지게 될 것이라고 말한다. 그러나 스마트폰에서의 안드로이드폰 같은 운영체제가 이미 오픈소스 기반으로 만들어져서 유통되는 현 시점에서 이러한 생각은 낡은 것일 수 있다. 경쟁의 장점은 독점적 이익을 소수가 보장받는 것이 아니라 다양성이 보장될 때 나타난다. 그렇게 되기 위해서는 새롭게 진출한 신규사업자나 참여자 들에게 기회가 주어져야 하는데, 소스가 공개되지 않는다면 새로운 참여자들은 원천적으로 접근할 수조차 없다. 이러한 새로운 사람들이 기존 사람들과 협력과 공유를 하면서 정보생태계를 풍부하게 한다면 선순환적인 기업활동의 가능성이 열릴 것이다.

　스마트폰이 어떤 똑똑한 사업가의 머리에서 만들어진

창조물이 아님에도 불구하고, 많은 사람들은 상용화된 스마트폰이 어떤 천재적인 발명가에 의해서 만들어졌다는 환상을 가진다. 그러나 애플사의 스티브 잡스가 아이폰에 사용하는 핵심적인 프로그램을 유닉스 계열의 오픈소스로부터 개발하기 시작했다는 점은 대중에게 잘 알려져 있지 않다.

창조적 공유와 집단지성, 그리고 빅데이터

오픈 엑세스 라이선스open access license 중에는 '창조적 공유'creative commons라는 라이선스가 있다. 이는 창작가 스스로가 영리와 비영리, 수정 및 개작 등의 허용 여부를 결정하게 한 것인데, 이는 기존의 공공성의 맥락에서 공유를 말하던 것과 일정한 차이를 가진다. 기존의 저작권을 주장하는 사람들은 정보공유 진영의 해적질에 대해서 비판해왔다. 반면 정보공유 진영은 저작권론자들의 엄격한 허가주의에 대해서 비판해왔다. "해적질인가? 엄격한 허가주의인가?"라는 두 진영의 논쟁을 무력화한 것이 바로 창조적 공유라이선스의 의미다. 철학에서 공통성과 보편성 논쟁은 '헤겔이냐 스피노자냐'라는 근본적인 갈림길에 서게 만든다. 스피노자는 국지적이고 유한한 내재성의 영토에서 출발해 공통성으로 향하지만, 헤겔은 무차별적인 개별자들의 정립 과정을 통해서 보편성으로 향하기 때문이다. 이에 대한 훌륭한 개괄서로는 피에르 마슈레의 『헤겔 또는 스피노자』(2010, 그린비)가 있다. 스마트폰을 공통성의 맥락에서 보면 생태적 지혜와 집단지성의 산물이지만, 보편성의 맥락에서 보면 객관적인 과학기술의 발전에 따른 결과물로 파악된다. 들뢰즈는 『차이와 반복』에서 보편성을 통해서 포섭될 수 없는 유일무이하고 특이한 단독성의 실존을 언급함으로써, 보편-특수-개별의 포섭형태의 변증법에 반기를 들었다. 결국 공동체의 입장에서 특이성은 차이 나는 반복의 소재가 되어 공통성을 풍부하게 만든다. 이를테면 차이 나는 반복을 만든다는 것은 삶을 새롭게 자기생산하기 위한 방법론 중 하나인데, 이를 외부로부터의 마주침으로 얻을 것인가, 공동체 내부에서의 특이성 생산을 통해서 달성할 것인가 두 가지 입장의 차이에 의해서 달라질 수 있을 것이다. 현대 도시문명은 낯선 사람들과의 조우를 일상화해 삶의 재생할 수 있는 외부성을 수립했으며, 스마트폰에서의 익명공간도 이러한 도시공간을 닮았다. 이러한 외부성과 우발성의 전략과 특이성, 공통성 논의 모두를 담고 있는 것이 스피노자다.

스마트폰을 공통성과 특이성의 관계로부터 보는 것은 창조적 공유의 시각을 개방할 뿐만 아니라 지성의 발전사를 완전히 다른 맥락으로 재구성한다. 철학사에서 에피쿠로스 전통과 플라톤 전통의 차이점은, 에피쿠로스가 욕망과 쾌락을 긍정하고 텃밭 공동체에서 창녀, 음유시인, 부랑아들과 공동체를 만들며 관계맥락 속의 생태적 지혜를 보여주었다면, 플라톤은 생활연관으로부터 벗어난 객관적이고 보편적인 진리가 관계맥락 밖에 이데아 세상 같은 곳에 있을 것이라고 보았던 데 있다. 이 두 사람의 차이점은 스마트폰에 적용된 기술이 상용 서비스 형태인지 아니면 오픈소스 형태인지로 극명하게 드러나는 것과 조응한다. 들뢰즈와 가타리는 이러한 생태적 지혜와 객관적 진리 간의 차이점을 드러내기 위해 『천 개의 고원』에서 제국이론가와 유목과학자라는 개념을 사용했다. 이 책에서는 유목과학자가 '문제제기'를 중심으로 철학을 한다면 제국이론가는 정의definition 중심의 철학을 한다고 정리하면서 사실상 자본주의의 고정관념과 관련된 정의 중심의 철학적 전통이 플라톤 이래로 만들어졌던 주류 철학의 풍토라는 것을 밝힌다.

스마트폰의 오픈소스운동과 창조적 공유는 보편성Universal이 아닌 공통성Common과 관련된다. 공통성은 자본주의가 발전하고 근대화가 이루어지는 과정에서 끊임없이 공격당해왔으며, 공통성이 가진 생태적 지혜에 대해 파괴와 약탈이 거듭되어왔다. 그러나 과학의 발전 성과로 일컬어지는 의학의 발전에서 주요 의약품의 절반 가까이가 제국주의시대 식민지 원주민들에게서 유래된 자연물질에 대한 정보를 인류학자들이 수집한 것에서 나왔다는 점은 잘 알려져 있지 않다. 피터 라인보우의 『마그나카르타 선언』(2012, 갈무리)에서는, 공통성의 영역이었던 숲과 살림에 대한 권리를 여성으로부터 빼앗아온 근대의 역사 속에서 이례적으로 결국 공통성에 대한 기본적인 권리를 행사할 수 있도록 마그나카르타 선언의 형태로 입법화하는 과정이 서술되어 있다. 한국에서의 자율주의자들처럼 공통성이 어떤 신비한 메커니즘에 의해서 움직이는 것이 아니라, 나와 너 사이에서 내 것과 네 것을 구분하지 않고 공통의 것을 만들려는 집단적인 실험과 실천에 의해 만들어지지 않나 하는 생각이 든다. 결국 욕망과 사랑이라는 정동의 흐름이 너와 나라는 고정점을 넘어서 유통될 때, 자본주의의 고정관념을 넘어선 공통성의 영역은 가능해진다. 그래서 스마트폰에 적용된 기술은 첨단과학기술의 맥락뿐만 아니라 집단지성과 생태적 지혜의 맥락도 동시에 가진 것이다.

미국의 오픈소스 진영과 심지어 빌 게이츠조차 코드운동code.org을 통해서 주장하는 것이 바로 디지털코드에 대한 초중등 과정에서의 의무교육에 관한 것이다. 우리가 언어 이외에 다른 기호를 공부하는 것은 이미 교육과정에서 많이 나타난다. 예를 들어 수학을 공부하거나 음악을 공부할 때 우리는 언어 이외의 기호작용의 규칙에 대해서 관심을 갖게 되고 그 패턴이나 프로토콜protocol을 학습한다. 그런데 우리가 가장 일상적으로 접근하며 사용하는 디지털 소스코드에 대한 교육은 의무교육 과정에서 배제되고, 단지 디지털코드의 결과물을 상용 서비스를 받으며 소비하게끔 유도된다. 그러나 이러한 디지털코드에 대한 아동기의 학습은 스마트폰 같은 기기나 네트워크에 대단히 혁신적인 토대를 형성할 수 있을 것이라는 점을 어렵지 않게 전망할 수 있다. 이것은 집단지성을 더 강화할 것이며, 더불어 더 많은 일자리를 만드는 부수효과를 수반하게 될 것이다.

스마트폰에서 창조적 공유와 관련된 또 하나의 쟁점은 바로 빅데이터를 공유하거나 오픈소스화하는 것이다. 이미 다양한 디지털 기기를 통해 대규모 데이터들이 생산되는 시점에서 이제 빅데이터를 어떻게 공통의 것으로 만들어 스마트폰의 일대 혁명적인 전기를 이룰 것인가 하는 것이 문제다. 스마트폰이 가진 장점을 살릴 수 있는 획기적인 전기가 바로 빅데이터 공유와 공개에 달려 있다. 빅데이터의 오픈소스화는 지성의 지도를 다시 그리게 만들 것으로 기대되는데, 그것은 과학기술자들의 전문가주의를 벗어나 사람들이 쉽게 접근할 수 있는 빅데이터를 기반으로 집단지성이 일대 도약을 할 것이기 때문이다. 빅데이터의 오픈소스화는 마치 살림이나 숲이 가진 공유지로서의 기능처럼 정보지식사회의 공유지로 역할을 하게 될 것이다. 이를 통해 네트워크에서 유통되던 정보의 수준은 완전히 다른 것으로 비약할 것이며, 스마트폰 어플리케이션 환경도 완전히 빅데이터에 대한 툴tool로서 획기적인 전환기를 맞이할 것이다.

스마트폰은 코드화된 기계인가? 열린 기계인가?

스마트폰은 어떻게 사용하는가에 따라 코드화되고 닫힌 기계로, 또는 열리고 자기생산하는 기계로 사용될 수 있다. 이 두 가지 기계는 기계학적mechanic 기계와 기계론적 machinic 기계로 구분된다. 두 가지 기계는 반복강박으로서 닫힌 우주와 차이 나는 반복으로서 열린 우주에 대응된다. 코드화되고 닫힌 기계는 전통적인 기계학으로서 미디어나 자동기계 등에서 나타난다. 이는 자동주의를 배경으로 대중을 조직하거나 노동을 조직하는 데 사용되었다. 반면, 열리고 자기생산하는 기계는 네트워크와 자율적인 공동체에서 나타나며 자율주의를 배경으로 민중의 자기조직화와 관련된다.

네트워크 유형의 열린 기계에서 분자적인 것은 굉장히 중요한 위치를 가진다. 스마트라는 개념은 분자적인 것이 네트워크에 돌이킬 수 없는 영향을 주는 것을 의미할 때도 있으며 역으로 이의 전제조건으로서 분자적인 일상까지 네트워크가 들어와 있는 것을 표상하기도 한다. 네트워크는 생태계적 연결망같이 서로 연결되어 관계성좌를 형성하기 때문에 아주 미세한 변화에도 민감하다. 그래서 분자혁명이 가능하게 되었다. 그러한 네트워크의 특징으로 인해 자본주의는 네트워크 자체를 발전시키는 기술보다는 포털이라는 관문을 설치하기 시작했다. 만약 포털이라는 관문을 통해서 네트워크를 접속한다면 중심잡기와 위계, 적분 같은 것이 가능하게 될 것이기 때문이다. 포털은 전통적인 미디어가 했던 역할을 대신하는 것이 되며, 네트워크의 자유로운 연결보다는 그 연결접속 가운데에서 매개항을 이루어 총체화할 수 있도록 만들어준다. 이러한 포털이라는 괴물로 인해서 네트워크에 대한 기본적인 통제와 관리가 가능해졌지만 스마트 세상의 개방은 아주 색다른 문제를 낳았다.

스마트폰의 보급으로 더 적극적으로 열린 네트워크로 향하는 움직임이 거세졌다. 미디어는 미시적인 수준의 것이 되었고 SNS를 통한 네트워크 그물망은 더 열리고 자기생산적인 형태를 띤다. 그러나 이러한 스마트폰 장치에 부착된 전자적인 네트워크는 생태계와 공동체 수준까지는 갈 수 없다는 점이 분명하다. 열린 가능성 속에서 코드화되고 닫힌 기계의 가능성은 최소화될 것이며 사라질 것이라고 전망하는 것은 어렵지 않지만, 이번에는 완전히 다른 차원이 드러났다. 다양한 분자적인 차이를 포섭하기 위해 분자적인 차별을 강화하면서 미시파시즘이 강화되고 억압의 분자화가 이루어졌다는 점이다. 이러한 억압의 분자화는 모든 사회적 수준에서 나타났으며 네트워크 내에서도 미시파시스트 집단들이 똬리를 틀고 있다. 스마트한 세상은 차이 나는 반복이라는 열린 공동체의 민주주의와 이에 대항하는 차별과 배제의 잣대를 든 미시파시스트의 격돌로 표상된다.

열린 우주의 개방과 생성Big-Bang에 대해서 여러 사람들의 의견이 있지만, 우주론적인 시각에서는 블랙홀 가설이 보여주는 자살적 우주와 구분되는 에너지와 빛과 양자量子를 내뿜으며 흐름을 발생시키는 화이트홀 우주가 지금 우리가 살고 있는 현실이라는 가설에 나는 격하게 동감한다. 열린 우주의 실존은 결국 차이 나는 반복의 기계론적 기계가 지금 현실을 구성하는 생태, 공동체, 네트워크의 강력한 기반이라는 사실을 알려준다. 이러한 차이 나는 반복을 통해서만 우리는 삶을 자기생산할 수 있으며 새로운 현실로서 자신의 삶을 수용할 수 있다. 그렇지 않는다면, 닫히고 폐쇄되어서 죽음을 향한 자살적인 충동으로 가득 찬 반복강박의 닫힌 우주 속으로 빠져들 것이다.

철학적으로 화이트홀적인 우주론을 가진 사람은 스피노자다. 그는 우발성과 여백을 통해서 여유, 여백, 여가가 가능한 성기고 열린 우주관을 사고했다. 이를 통해서 여유가 있기 때문에 서로 스트레스를 받지 않고 사랑하고 보듬고 돌볼 수 있는 가능성이 생길 수 있었다. 그의 능동적인 변용론과 수동적인 정서론은 사실 열린 우주 속에서 자유롭게 형성되는 기하학적 욕망의 지도 그리기였다. 보다 깊숙이 들어가보면 '권위에 대한 예속과 무능력을 표상하는 슬픔의 초월적 권력'에 대항한, '상호긍정, 사랑의 흐름, 상호욕망의 상승이라는 기쁨의 내재적인 민주주의 구도'가 나온다. 결국 여백이 있는 열린 우주가 있었기 때문에 자유인은 슬픔보다 기쁨을 통해서 내재적인 삶을 풍부하게 만들 것이라는 전망이다. 다시 말해, 그는 차이나는 반복의 기계론적 기계의 최초 창시자인 셈이다. 반면 블랙홀 같은 절망적인 우주를 처음 생각한 사람은 홉스다. 그는 사람들로 가득 찬 깡통버스같이 발을 내딛고 움직여도 남을 침해할 수밖에 없는 진공과 여백이 없는 상태를 생각했다. 이에 따라 사람들은 여유가 없기 때문에 이기적인 동기 속에서 만인에 대한 만인의 전쟁 상태에 빠져들고 결국 자신의 권리를 리바이어던이라는 괴물에게 양도해 평화를 보장받는다. 이러한 닫히고 코드화된 질서 속에서 느끼는 외부성은 스트레스나 환상밖에 없다. 텔레비전 같은 미디어가 홉스적인 기획하에서의 작품이라면, 네트워크는 스피노자의 후예라 할 수 있다.

사회 곳곳에서 스마트한 억압장치들이 등장한다

스마트한 세상의 등장은 네트워크로 연결된 통합된 세계자본주의를 구성했다. 그러나 이러한 통합된 세계자본주의는 아주 미세한 분자적인 반응에도 자신의 태도와 배치를 바꾸어야 하는 유연한 네트워크적인 형태의 직조물로 만들어졌다. 그래서 통합된 세계자본주의의 약한 고리는 바로 분자적인 변화를 일으키는 모든 것에 해당하게 되었다. 통합된 세계자본주의는 일관생산체제처럼 공장식 축산업과 밥상을 연결하고, 홍콩에서 콩고까지 똑같은 텔레비전 프로그램을 방영하며, 어디에 가도 마트, 호텔, 패스트푸드, 편의점 등 똑같은 공간구성을 이루어냈다. 결국 통합된 세계자본주의의 사활이 반복강박적인 기계학적 기계를 수립하는 것에 달려 있게 되었다. 그래야만 자본주의 문명이 흔들리지 않고 재생산될 수 있을 것이기 때문이다.

이러한 통합된 세계자본주의는 생활 전반에 대한 부드

러운 억압을 수행하는데, 예를 들어 텔레비전, 자동차, 아파트, 육식으로 대표되는 스테레오타입의 삶을 이식하고, 정신분석과 심리치료사들의 정상성을 생산하며, 미디어와 언론을 통해서 자본주의가 평화롭고 안전하다는 다소 졸리는 영상-이미지를 심어주려고 했다. 이러한 부드러운 억압은 억압 자체의 실존조차 의문시할 정도가 되었다. 그러나 만약 체제 외부로 향하려고 할 때면 무지막지한 강경한 탄압이 기다리고 있다. 부드러운 억압은 강경한 탄압의 보완물을 통해서 유지되기 때문이다. 이것에 대해서 펠릭스 가타리는 『가타리가 실천하는 욕망과 혁명』(윤수종 편역, 2004, 문화과학사)에서 자세히 기술한다. 이러한 부드러운 억압과 강경한 탄압이 쌍을 이룬 현존 문명의 모습은 푸코의 『성의 역사』에서 생명정치라는 개념으로 등장한다. 생명정치Bio-Politics는 훈육정치처럼 '죽일 수도 있으니 살아라'라고 하지 않고 '안전하게 잘 살게끔 하면서 그 외부는 죽게 내버려두는 체제'를 의미한다. 결국 현존 신자유주의문명은 스마트한 억압 속에서만 유지될 수 있다는 점이 드러난다. 즉, 분자적이고 부드럽게 일상까지 촉수를 드리운 억압이 현존하는 것이다.

이러한 억압의 분자화는 스마트폭탄처럼 적시적소에 어떤 구체적인 인물이나 대상에 대한 테러와 반테러의 역학관계를 만들어낸다. 체제는 이미 스마트폭탄의 기술적 설계와 마찬가지의 억압과 탄압장치들을 고도화하는 기법을 확보하고, 가장 미시적이고 분자적인 수준에서 억압과 탄압을 기획하려 한다. 더 중요한 것은 이러한 억압이나 탄압이 스마트 기술처럼 조용하고 보이지 않는 기법 등을 통해서 미시파시즘적인 기획을 구체화하는 데 핵심적인 역할을 한다는 점이다. 대중의 일상사는 아무런 위협도 없고 안전하지만, 자본주의문명에 대한 비판과 반대의 입장을 펴는 지식인이나 저항자들은 미치거나 조용히 제거되거나 배제되는 상황에 놓인다. 이러한 가혹하고 무지막지한 탄압 국면은 뉴스거리도 되지 못하는데, 왜냐하면 조용한 스마트폭탄 같은 기법들이 고도로 발전한 시점이기 때문이다. 억압의 분자화는 사실상 민주주의의 근간인 인권과 생명권을 흔들 수 있음에도 불구하고 일부 권력의 안녕과 안전을 위해서 채택되고 은밀하게 작동되는 경향이 있다.

스마트폰의 등장으로 인한 네트워크의 관계망 성숙은 자본의 입장에서 정동과 화폐의 흐름을 관계망에 이식해 집단지성이나 관계망, 정서의 흐름 속에서 잉여가치를 찾는 '코드의 잉여가치'의 국면으로 접어들게 만들었다. 이미 자본주의의 외형적 성장이 불가능해지고 사회구성체 자체의 내포적인 발전에 의존해야 하는 자본주의 상황에서 스마트 기술에 의한 네트워크는 코드의 잉여가치를 위한 전제조건이라 할 수 있다. 최근에 마케팅 기법들이 대부분 관계 중심으로 이행한 것은 바로 이런 이유다. 또한 시간의 양적 축을 통해 착취하던 자본주의의 전통적 기법이 한계에 도달한 상황에서, 관계망, 흐름, 상호작용, 집단지성 등에 착목해 관계맥락 전부에서 영업하고 이익을 얻으려는 움직임이 시작되었다. 스마트폰을 비롯한 기술은 이를 위한 가장 기초적인 토대를 제공하며, 이를 통해 관계망 속에서 미분화된 움직임에 대한 적분을 가함으로써 권력의 잉여가치를 추출하려는 시도를 보인다. 이제 권력의 두 가지 양상인 국가와 자본의 이중분절의 의미에서 초국적 자본의 권력층위가 '통합된 세계자본주의'라는 기본 구도 속에서 핵심적인 위치를 차지하는 것은 분명해 보인다. 네트워크는 공동체라는 비영리적이고 호혜적인 목적의 관계망 성격을 복제해 자본의 권력화 수단으로 사용할 수 있는 기제가 되었으며, 이를 위한 기본적인 전제인 스마트 기술의 보급이 이룩되는 상황이다.

통합된 세계자본주의가 스마트폰 기반의 네트워크에 의존하다 보니, 결국 아주 미시적인 변화에도 유연하게 반응할 수밖에 없는 상황이 되었다. 그래서 반복적인 일상을 주입하는 기계학적인 기계설비 사이에서 기계론적 기계설비가 설치되고 색다른 의미를 발생시키기 시작하면, 자본주의는 고장나거나 배치를 바꾸어야 하는 상황이

되었다. 그러다 보니 자본주의도 억압을 분자화해서 반응
하지만 그것이 근본적인 해결책이라기보다는 즉흥적인
대응에 불과한 것이다. 더구나 어느 때보다 스마트폰에
의해서 네트워크화된 현재의 상황은 분자혁명이 가능하
다는 점을 잘 보여준다. 그것이 체제에 대한 위협이 되는
수준은 아니더라도, 예를 들어 채식을 한다거나 자전거를
탄다거나 합성세제를 쓰지 않는 등의 작은 변화에도 전체
네트워크에 연결되어 있는 사람들은 연쇄적인 반응을 하
며 배치의 심원한 변화를 겪을 수 있다.

스마트폰, 열린 우주의 개방인가?

인류가 우주물질 중에서 제대로 알고 있는 것은 2퍼센트
남짓이다. 우주는 열려 있고 광활하다. 그래서 인류는 외
부와의 접속을 통해서 이 우주와 접근하려고 시도했고, 그
것이 식민지 개척이나 탐험, 달로의 우주선 발사였다. 그
러나 이제는 열린 우주에 접근하는 것이 외부를 향하는 방
향성이 아니라 내포적 관계망을 향하고 있다. 외부를 탐색
하며 정복하던 모든 과학기술의 시도가 기술의 과잉과 포
화를 낳았기 때문이다. 그 결과를 단적으로 보여주는 것이
핵 과학이다. 이제 관계망의 무한접속과 변이에 의해서 내

부에 존재하는 특이성 생산의 과정을 외부라고 규정해야 하는 시점이 왔다. 왜냐하면 지구촌은 이제 외부를 소멸시켰고, 관계와 상호작용이 가진 특이성 생산의 효과 이외에는 달리 색다를 것이 없는 상황이 되어버렸기 때문이다. 이를 위해서 스마트폰은 색다른 관계망을 탐색하고 생산할 수 있는 가장 중요한 접속경로를 제공한다. 네트워크는 일차적으로 인터넷을 통해 진화해왔으며, 이번에는 스마트폰을 통해 또 한 번의 진화를 겪고 있다. 이는 관계망 자체에 대한 끊임없는 인류의 실험과 실천을 의미한다.

실질적인 관계의 효과는 스마트폰이 가진 네트워크나 SNS보다 훨씬 풍부하다. 이를테면 아주 간단하고 단조로운 만남에도 수많은 기호작용과 기호-흐름이 동원되어 스마트폰으로 모든 것을 구현해낼 수는 없다. 그러나 코드화를 통한 관계 구현의 일정한 한계에도 불구하고 관계망에 대해 시장과 권력이 탐을 내는 이유는, 관계망에서 발생되는 색다른 잉여가치 이외에는 인류의 미래적 발전을 기약할 수 있는 구성 요소를 찾기 힘든 상황이 도래하고 있기 때문이다. 물론 이러한 경우에는 또 하나의 자동주의 유형의 적분積分이나 구조화가 뒤따르지만, 관계망 자체는 영구적인 자율성을 향해서 항해하고 모험한다. 공동체와 네트워크의 관계망이 주는 섬광 같은 효과를 연구자들은 다양한 시각에서 조명하려고 시도해왔다. 스마트폰의 네트워크가 열린 우주가 아니라 폐쇄되고 닫힌 상태였다면 창조적이고 생산적인 힘은 나오지 않았을 것이다. 그러나 오픈소스운동같이 아주 색다른 운동이 저변에서 흐르고 있고 권력화의 위험에도 불구하고 생태적 지혜의 일부를 보여주고 있다.

스마트폰의 미래는 빅데이터와 오픈소스에 달려 있다고 해도 과언이 아니다. 이전의 장치와 콘텐츠는 아주 초보적인 지식 상태에서 출발하며, 지식 생산자와 소비자 간의 구분이 여전히 존재했다. 그러나 이제는 그 경계조차 모호한 정보-에너지-화폐의 흐름으로만 파악할 수 있는 단계로 진입해 수많은 빅데이터들을 일상적으로 사용하는 상황이 도래할 것이다. 그렇다면 지식인의 사유의 특권이나 닫힌 우주의 자동주의가 들어설 여지는 점점 좁아질 게 뻔하다. 대신 자율성이 강화되며 생활의 내재적인 영토와 대지가 확장되고, 색다른 관계망이 주는 특이성 생산으로 인한 공동체의 행동 풍부화와 관계망의 성숙과 발전이 실험될 것이다. 이런 의미에서 스마트폰의 미래는 열린 우주 즉, 기계론적인 기계로 향하고 있는 것이 분명해진다. 스마트폰은 색다른 관계망이 가진 자율성과 획기적인 실험을 통해서 생태적 지혜의 일부를 드러낼 것이며, "스마트폰은 과연 똑똑한가?"라는 질문에 대해서 답변할 수 있는 시기가 올 것이다.

기술 매개적 민주주의는 가능한가?

2006년 인터넷 표현의 자유에 대해서 문제의식을 가졌던 스웨덴 젊은이들 몇몇이 모임을 결성했다. 이들은 인터넷상에서 이루어지는 통제와 감시를 넘어서 자유로운 이용과 공유정신, 표현의 자유를 주장했다. 당시만 해도 그들은 자신이 초래할 분자혁명이 어떤 성격의 것인지 알지 못했다. 이후 저작권 논쟁이 벌어지자 뜨거운 대중의 반응을 얻었고, 해적당이라는 정당을 출범하기에 이른다. 『해적당』(2012, 로도스)에서는 해적당의 탄생과 진화 과정을 잘 설명하고 있다. 이들이 가진 정책 내용은 사실 녹색당이 가진 문제의식의 인터넷 버전이라고도 할 수 있다. 그러나 이 둘은 정책이 아니라, 정치를 어떻게 구성하고 만드느냐 하는 방법론에서 큰 차이를 가진다. 해적당을 관통하는 철학은 흐르는 민주주의Liquid Democracy라고 규정된 '아래로부터 자유로운 참여와 자치 과정에 의한 민주주의'이다. 그들이 만들어내는 위키피디아와 유사한 강령과 정책 도구는 이들의 정치적 참여를 아주 색다른 방식으로 만들어냈다. 이들이 사용하는 리퀴드 피드백liquid feedback이라는 도구는 직접투표와 참여민주주의의 기술적 수단이라 할 수 있다. 이들은 인터넷과 네트워크가 자유의 새로운 공간이 되어야지 감시와 통제, 시장의 수단으로 전락해서는 안 된다고 강력히 주장하면서 40개 국가에서 창당했고, 독일과 스웨덴 등에서는 이미 8~10퍼센트 정도의 지지를 받고 있다.

해적당은 열리고 자기생산하는 기계장치인 네트워크에 기반을 둔 정치적 행동양식을 잘 보여준다. 이들은 스마트 세대가 가진 문제의식 중에서 가장 일차적인 "기술을 어떻게 볼 것이며 접근할 것인가?"라는 질문을 전면에 내세운다. 다른 세대와 스마트 세대 간의 차이점이 여기서 극명하게 드러나는데, 기존 세대는 기술에 대해서 맹목적으로 추앙하거나 또는 비판하는 등의 극단적인 모습을 보이면서 기술을 객관주의적 과정으로 사고했다면, 스마트 세대는 기술에 주체성의 행동역학을 부여하면서 해적당처럼 민주주의를 직조하고 삶을 직조하는 것으로 보면서 어떻게 기술을 구성하고 만들 것인가 하는 문제의식을 갖고 있다.

스마트폰을 통해서 촉발된 첨단기술의 일상생활로의 침투가 삶을 바꿀 것이라고 하지만, 여전히 우리는 먹을거리와 입을거리, 집 등을 전통적인 방식으로 취득하고 있다. 앞으로 기술의 비약적인 발전이 있을 것이며, 그것을 통해서 누적된 인류의 문제들이 해결될 것이라고 보는 시각들이 있었지만, 그렇게 낙관적인 유토피아가 가능할 것이라고 쉽게 단정할 수 없는 상황이 있다. 생태위기, 기후변화, 생물종다양성의 파괴, 생명존엄성 등이 앞으로 예측할 수 없는 상황으로 이끌고 있는 것이다.

여기서 스마트폰이 기반으로 삼는 네트워크와 집단지성은 여전히 인류의 공동자산이며 성과라는 점에 주목해야 할 것이다. 그런 점에서 이러한 관계망을 보존하면서 생존주의적 전략 속에서 생명위기시대를 맞이한다면 수많은 이점들이 있을 것이다. 이런 점에서 첨단기술의 장점과 적정기술의 장점을 결합한 새로운 기술의 민주화에 노력해야 한다. 기업이 지나치게 복잡한 기술을 미화하면서 있지도 않은 수요를 만들려 하지 않고, 가장 생활의 필요에 가까운 기술들이 만들어지고 소비되는 선순환적인 구조가 필요하다. 기술의 민주화와 적정기술 등은 네트워크를 통해 인류가 봉착한 위기에 맞서 개개인들이 어떤 자구적 대응을 취할 것인가에 대한 최소한의 정보를 제공해줄 것이다. 생명위기와 생태계위기에 대한 빅데이터의

누적은 위기에 대한 대처법을 갖게 하리라는 약간의 희망
도 품게 만든다.

현재 자본주의는 외연적이고 실물적인 성장growth이 불
가능해지자 관계 내부의 성숙에 따라 경제적 효과를 구
하려 하는 내포적 발전development 단계에 접어들었다. 내포
적 발전은 유한한 자원과 에너지, 화폐를 순환시켜 시너
지 효과를 구하는 방식으로 협동조합과 사회적 경제에서
잘 드러난다. 협동조합의 민주적 운영원리와 결사체이면
서도 사업체인 이중적 속성은 관계 내부의 성숙을 일자리
와 복지와 연결시키는 경제원리로 만들어낸다. 이러한 협
동과 살림의 경제는 개발주의와 성장주의와 달리, 어떻게
협력하고 관계를 발전시킬 것인가라는 색다른 과제를 우
리에게 던져준다.

스마트폰이 촉발한 스마트 혁명은 관계망에 대한 성숙
을 통해서 색다른 경제를 작동시킬 수많은 증후들을 보여
준다. 특히 SNS의 성장과 성숙은 소셜마케팅처럼 단순히
마케팅의 수단이 아니라 관계 내부에서 유한한 정보와 지
식이 무한히 결합되어 변이될 수 있는 가능성의 지평으로
나아갔다. SNS는 협동조합이나 마을공동체운동처럼 내
포적 발전단계에서 자본주의가 외부를 개척하고 개발하
는 것이 아니라 관계망의 풍부한 가능성과 접속해야 한다
는 점을 잘 보여준다. 관계망 성숙의 원리는 특이성이 생

산되어 공동체를 풍부하게 만들고 정동, 화폐, 에너지의 흐름을 만드는 과정으로 묘사된다. 이러한 생태계에서 열악한 환경에 맞서기 위해 분열하고 창조적으로 발화하는 것처럼 네트워크가 분자혁명의 장이 되지 못하리라는 법은 없다. 스마트 혁명은 내포적 발전단계의 자본주의 단계에서 소통과 교류를 통해 관계망을 성숙시켜 대안적인 경제를 작동시킬 수 있다. 그러나 스마트폰의 자율적 가능성에도 불구하고 관계망이 피상화되고 자동화될 수 있을 가능성 역시 상존한다. 자동주의에 맞선 자율주의는 성장에 맞선 발전 노선의 차이점을 분명히 보여주는 것이다. 앞으로 스마트폰의 SNS 같은 영역은 협동조합, 공동체, 마을과 유사한 위상을 갖게 되리라는 것도 조심스레 전망해볼 수 있다.

"스마트폰은 과연 똑똑한가?"라는 화두를 던지고 있는 이 책은, 몇 년 전에 등장한 스마트폰이 사람들의 일상을 변화시키고 있던 과정에서 쓰였다. 때문에 자동성에 맞선 자율성의 시각에서 스마트폰 세상이 대중의 자율성을 강화하고, 생태적 지혜 입장에서 사용될 수 있는 가능성에 대해서 다루었다. 예를 들어 마르크스의 일련의 작업들이 가진 방대한 사유 경로들은 당대의 관계망이 발전하고 성숙하는 과정을 포함한다. 결국 기계류는 제품이나 장치로서 나타나지만, 어떤 관계망이 기술에 녹아들어 있는가

가 중요하다. 그래서 기계류의 사용의 편리성보다는 생활
맥락과 관계맥락을 보지 않고서 기술을 평가하기 어렵다.
그런 점에서 이 책의 작업은 기술의 물신화된 측면을 걷
어내고 관계맥락과 생활맥락이라는 측면에서 조명한 것
이라 할 수 있다.

인터넷의 집단지성은 생태적 지혜의 일부일 뿐 전부라
고 할 수 없을 것이다. 우리는 할머니들과 여성들이 숲과
종자, 하천, 발효, 식생 등의 지혜를 공유하면서 얼마나 풍
부한 생태적 지혜를 갖고 있었는지 과거의 역사로부터 희
미하게 알고 있다. 효율적인 기술로도 완전히 표현할 수
없는 관계 속에서 얻어지는 지혜의 요소들은 생활의 편
리성과 효율성 앞에 사라지고 있다. 또한 초기자본주의는
공유지를 여성으로부터 빼앗으면서 시장이라는 권력이
작동할 수 있는 여지를 만들어냈다. 이제 스마트폰에 대
해서 다시 지혜를 묻고자 한다면, 기술이 어떤 맥락에서
어떻게 전유되고 있는지에 대해서 살펴보지 않을 수 없
다. 기술이 관계망의 풍부화가 낳은 시너지 효과의 일부
라는 점에서, 우리는 다시 너와 나 사이에서 벌어질 공통
성, 이를 풍부하게 할 특이성에 주목한다. 공동체의 품으
로 스마트폰이 재전유되었을 때, 기술은 이제 효율과 자
동성의 입장이 아니라 비효율적이고 불필요하다고 여겨
졌던 우리의 인간관계를 풍부하게 하고, 자율적인 행동에

더 나서게 하는 표현소재가 될 수 있다. 이 글을 이제 막 다 읽은 여러분은 생태적 지혜에 대한 질문을 다시 던져도 좋다. "당신에게 스마트폰은 과연 똑똑한가?"

생태적 지혜의 기술인문학적 구도

	생태적 지혜	아카데미
지식 유형	집단지성(일반지성, 다중지성)	사유의 특권, 전문가
정보의 형태	정보공유, 오픈소스운동	저작권, 특허권
특징	문제제기	대답(정의: definition)
방식	여러 의미를 횡단하고 이행하고 변이함	의미화, 모델화, 표상화
형태	재미/놀이	의미/일
기여하는 바	공동체, 네트워크	자본주의 등가교환
결과	자율적 행동	자동적 행동
논리	A는 B이면서, C이면서, D이면서 등등	A=A 이것은 내 것이다(소유권) 책상은 책상이다(등가교환)
기호작용	기호-흐름	고정관념
방법론	구성주의(각각이 따로 세계를 구성)	표상주의(객관적 진리론)
반복(=기계)의 유형	차이 나는 반복	반복강박
반복의 유래	있다(창조와 생성)	없다(부재와 결여)
반복의 예시	생태계, 생활, 생명	감옥, 군대, 병원 등에서의 비루한 일상
기계의 구분	기계론적 기계(machine)	기계학적 기계(mechanics)
철학자	들뢰즈와 가타리	프로이트와 라캉

1) 스마트폰은 기계주의의 두 가지 노선을 담고 있다. 여기서 '기계=반복'이라는 점을 유념해보자. 첫 번째는 차이 나는 반복으로부터 유래한 '기계론적 기계'이며, 이는 열리고 자기생산하는 네트워크의 형상을 띤다. 두 번째는 반복강박에서 유래한 '기계학적 기계'이며, 이는 닫히고 폐쇄되고 코드화된 자동기계를 의미한다. 네트워크는 공동체와 유사한 형상을 가진 전자적 직조물이다. 그렇기 때문에 공동체에서 유래하는 생태적 지혜와 네트워크의 집단지성이 어떤 관련을 가지면 서로 시너지 효과를 발휘할 것인가의 여부가 앞으로 매우 중요한 연구 대상이기도 하다. 이 책의 전반부에서는 생태적 지혜와 집단지성의 차이점에 대해서 주목했고 다소 기계주의에 대해서 회의적인 질문들을 던진다. 그러나 책의 중반부 이후부터는 마치 칸트의 코페르니쿠스적 전회와 같이 집단지성의 가능성에 대해 주목하면서 더 이상 생태적 지혜와 집단지성을 구분하지 않는 방향으로 이행했다.

2) 아카데미의 "책상은 책상이다"라는 방식의 의미화, 모델화, 표상화 질서는 사실상 자본주의 등가교환의 토대다. 반면 생태적 지혜가 가진 공동체의 "~도 맞고 ~도 맞다" 또는 "A일 수도 B일 수도"라는 흐름의 논리학은 과학철학의 논의에서 상대주의라는 낙인이 찍히면서 진리의

방법론에서 제거되어왔다. 그러나 의미화의 논법에 따라 전문가들이나 사유의 특권을 가진 자의 대답이 중요한 것이 아니라, 아이들처럼 "왜요? 그래서 어떻게요?"라는 문제제기와 질문이 더 중요하다. 이러한 아이들의 여러 의미를 횡단하고 이행하는 문제제기와 같은 속성을 갖고 있는 것이 바로 생태적 지혜이다. 예를 들어 2세부터 6세 사이의 아이들은 호기심과 질문으로 가득 차 있으며, 한 시간 동안 놀이를 시키면 여러 놀이를 이행하고 횡단한다. 반면 중학생 이상의 아이들에게 한 시간을 주면 재미가 없더라도 처음 놀이를 계속 하게 되는 방식으로 의미화의 논법에 들어와 있다. 이런 점에서 생태적 지혜는 취학 전 아동들과 같은 문제제기로 가득 찬 진리유형이다.

3) 생태적 지혜를 보통 집단지성의 일부로만 생각하지만 사실은 냄새, 색채, 음향, 몸짓, 표정 등의 비기표적 기호작용에 기반을 두고 관계가 성숙되고 창발되어 공통의 것을 발생시키는 과정과 일치한다. 너와 나 사이에서는 "1+1=2"라는 산술적 합만이 있는 것이 아니라 공통성이 흐름의 논리 속에서 형성되는데, 공통의 아이디어, 생태적 지혜, 공유자산과 같은 것이 창발되고 생성되는 것이 그것이다. 관계망이 성숙되고 발효되고 발전하면 수많은 '창조적 공유'의 영역이 발굴되는 것이다. 반면 아카데

미의 의미화 논법은 "이것은 내 것이다"라는 소유권이 분명하고 특허권과 지적재산권이 형성되어 있는 관계밖에 제시할 수 없다. 그렇기 때문에 생태적 지혜와 집단지성에 대해서 주목하는 것은 결국 관계의 성숙과 발전에 따른 창조적 공유경제의 영역에 대해 주목하는 것과 일치한다. 이런 의미에서 생태적 지혜는 정보공유운동, 오픈소스운동과 공명한다.

4) 기계주의의 두 가지 노선은 무엇을 의미하는가? 결국 차이 나는 반복은 아이들의 '있다/없다' 놀이에서 "있다"로 창조되고 생성되는 어머니처럼 삶을 새로움의 연속으로 만든다. 그래서 공자의 일신우일신日新又日新의 중요성은 다시 한 번 부각된다. 우리 삶과 생활은 출발하기 전에 결론이 뻔하게 나와 있는 관광이 아니라 미지의 영역으로 향하는 여행과 같이 새로움을 던져주는 것이다. 인생의 과정을 익숙하지 않고, 비루하지 않고, 뻔하지 않게 사는 방법은 차이 나는 반복에 달려 있다. 물론 현실 속에는 부재와 결여에서 오는 반복강박의 자동기계 영역도 분명 존재한다. 그래서 차이 나는 반복의 자율성 기계와 반복강박의 자동성 기계 둘 다가 현실에 실존한다는 것을 알 수 있다.

5) 들뢰즈와 가타리는 차이 나는 반복의 '기계론적 기계'를 발견했고, 더 나아가 "욕망하는 순간 반복은 설립된다"라는 점에서 욕망하는 기계까지 나아간다. 이러한 기계론적 기계는 생명, 생활, 생태에서의 반복이며, 바로 생태적 지혜의 원천이 된다. 스마트폰이 자동주의에 빠질 위험에 있으면서도 집단지성과 생태적 지혜의 원천이 될 수 있는 가능성은 바로 자율성의 영역인 차이 나는 반복의 영역이 있기 때문이다. 물론 현실에서 삶은 자율성과 자동성이 함께 배치되어 있다. 어떤 경우에 자율적이고 늘 새로운 것의 반복이기 때문에 재미와 놀이의 영역인 것도, 의미가 부여되면서 일과 노동이 되는 경우도 있다. 또한 자동적인 시스템과 제도에도 자율적인 것이 부가되면서 풍부해지는 것도 가능하다. 예를 들어 시민이 행정과 함께 하는 거버넌스와 같은 것이 그것이다.

6) 재미와 놀이는 자율적 행동의 원천이지만 그것이 어떻게 고도로 조직되는지에 대해서는 주목되지 못했다. 들뢰즈와 가타리는 의미화의 논법에 따르는 기표signifiant라는 고도로 조직된 기호작용 외에는 모두 와해되고 해체된 영역인 것이 아니라, 고도로 자유로우면서도 고도로 조직된 도표diagram라는 기호작용이 있다고 적시한다. 예를 들어 놀이와 재미의 영역에서도 규칙이 있고 설정이 있다.

규칙에 따라 죽고 살고를 반복하고 금지라는 설정이 있다. 그러나 그것들은 설정일 뿐, 죽음에 대한 두려움이나 금지와 터부의 영역이 아니다. 순전히 재미를 위한 설정과 게임의 규칙일 따름이다. 그런 점에서 금지와 터부, 죽음의 두려움 등에 기반을 둔 사법적 코드로 향하는 의미화의 논법과, 이와 완전히 다른 설정과 규칙으로서의 기호-흐름의 논법이 있는 셈이다.

7) 기계주의의 두 가지 노선은 현실을 보는 세계관의 근본적인 갈림길에 위치해 있다. 한 방향성은 사람마다 각각 다른 세계를 구성한다는 인식이며, 이는 들뢰즈가 "한 사람의 죽음은 하나의 세계의 소멸과도 같다"라고 말했던 구절과 일치한다. 이에 반해 표상주의는 객관적인 표상으로서의 세계가 단 하나라고 사유하면서 그것의 의미화 논법을 일방적으로 가르치면 된다는 관점이다. 표상주의는 결국 계몽주의라는 근대적 인식의 틀로부터 한 치도 벗어나지 않은 것이며, 결국 자동성의 기계학적 기계의 작동원리라 할 수 있다. 반면 구성주의는 수많은 색다른 세계가 마주치고 절단되면서 자율성의 영토가 구축된다는 사유방식이다. 그런 점에서 차이 나는 반복의 세계가 열릴 수 있는 가능성은 다른 사람을 뻔하게 보고 가르치려 드는 것이 아니라, 그 사람이 가진 색다른 세계와 소

통하고 변용하려는 실천에서 비롯된다. 진리의 유형 역시 모든 사람이 각각 다른 세계를 구성하고 전제하고 있다는 입장과, 사유의 특권을 가진 엘리트와 전문가들의 논증 과정과 추론 과정의 결과로서만 존재할 수 있다는 방향성이 크게 차이를 가진다. 이런 점에서 차이 나는 반복의 기계는 구성주의를 기반으로 한다.

8) 이 책은 기계주의의 두 가지 노선을 기반으로 해서 스마트폰과 같은 기술현상을 설명하고자 했다. 기계(=반복)에 대한 기술인문학적인 연구는 아직 출발점에 있지만, 단지 스마트폰이라는 소재주의에 빠져들지 않고 이 책을 읽는다면 색다른 기술인문학의 가능성을 발견할 수 있을 것이다. 이 책의 전반부는 생태적 지혜와 집단지성을 구분하면서 전개되지만, 후반부에서는 생태적 지혜의 일부로서 집단지성—그 역도 가능하다—으로 보면서 전개된다. 이러한 점 때문에 보는 사람에 따라 오해의 여지가 있을 수 있다는 생각이 든다. 이 책은 기술인문학의 ABC를 다루는 책이며, 더 나아가 앞으로 연구할 만물인터넷(=사물인터넷) 작업의 가교가 되는 책이라고도 할 수 있다.